KB123465

1635년 춘신사로서 심양을 다녀온 사행일기

심행일기
瀋行日記

李㴭 원저·申海鎭 역주

보고사
BOGOSA

머리말

　이 책은 17세기 신흥강국으로 떠오른 후금의 심장부인 심양에 다녀오며 기록한 사행일기를 번역하고 주석한 것이다. 텍스트는 이준(李浚, 1579~1645)이 1635년 춘신사로서 1월 20일부터 4월 15일까지 수행한 사행일기이다. 이준은 전라남도 강진 출신이다. 공교롭게 호남출신이 수행한 사행일기에 대한 세 번째 역주서이다. 곧, 보성 출신 선약해(宣若海, 1579~1643)가 1630년 4월 3일부터 5월 23일까지 위문사로서 수행한 일기 『심양사행일기(瀋陽使行日記)』(보고사, 2013), 장흥 출신 위정철(魏廷喆, 1583~1657)이 1631년 3월 19일부터 4월 30일까지 회답사로서 수행한 일기 『심양왕환일기(瀋陽往還日記)』(보고사, 2014)에 이은 것이다. 이 외에도 만포첨사(滿浦僉使) 군관(軍官) 신충일(申忠一, 1554~1622)이 1595년 12월 22일부터 1596년 1월 5일까지 군관으로서 답서를 가지고 가 전달하고 누르하치의 회첩을 받고 돌아온 일련의 과정을 기록한 일기 『건주기정도기(建州紀程圖記)』(보고사, 2017)가 있다. 저 후금에서 청나라 기초가 확립되기까지 우리나라 사신들이 목숨을 걸고 수행한 외교활동의 생생한 기록물을 번역해 논의의 장에 제공하고 있는 것이다.

　이 사행일기들은 주로 누르하치와 홍타이지를 접촉한 것인데,

누르하치가 건주여진족의 강력한 실력자로 부상하기까지의 역사적 배경을 알 필요가 있다. 그래서 명나라 신종(神宗) 때의 재상 장학안(張學顔)에 의해 바쳐진 3편의 주소문(奏疏文)으로 구성된 『무요부초건주이추왕고소략(撫遼俘剿建洲夷酋王杲疏略)』(역락, 2018)을 간행한 바 있다. 이 자료는 중국이나 일본에는 남아있지 않은 것으로 서울대학교 규장각한국학연구원에만 소장되어 있는 귀중한 문헌이다. 장학안이 누르하치의 외할아버지 왕고를 포로로 잡아 바치기까지 사건의 경위를 서술한 것이다. 외할아버지의 죽음으로 말미암아 누르하치가 역사적 전면에 등장할 수 있었던 배경을 이해할 수 있게 한다. 또한 명나라 인물이 이들에 대한 평가를 시도하며 모문룡(毛文龍)을 또 다른 시각으로 평가한 8권 40회의 『요해단충록(遼海丹忠錄)』(보고사, 2019, 2020)도 출간하였다. 곧, 《형세언(型世言)》의 저자 육인룡(陸人龍)이 1630년에 지은 시사소설(時事小說)로, 청나라의 금서(禁書)가 된 작품이다. 중국과 한국에는 전하지 않고 일본 내각문고에 전하는 문헌이다. 이렇듯, 저 17세기 후금과 청나라와의 외교적 관계에서 빚어진 실기문학에 대해 균형감을 갖고 심도 있는 논의를 할 수 있도록 그 밑바탕을 마련하고자 한 것이다.

　오랑캐로 여겼던 여진족이 후금을 세워 신흥강국으로 떠오르며 명나라와 적대관계를 맺자, 그 틈바구니에서 사대와 교린의 목적에 어긋나지 않도록 목숨을 걸고 세폐(歲幣: 일종의 貢物) 문제를 시정하고 돌아온 실기문헌이 1635년 춘신사 이준의 〈심행일기(瀋行日

記)》이다. 후금을 교린의 상대로만 여기려 했지만 끝내 사대의 상대로 인식할 수밖에 없는 단계로 넘어가는 과도기적 시기에서 사신들이 겪어야 했던 현장의 생생한 모습이 그려져 있다.

이 책에서는 이준의 《귀래정유고》에 실린 〈심행일기〉와 성해응(成海應)의 《연경재전집(研經齋全集)》에 실린 〈심행기정(瀋行記程)〉을 영인했다. 아울러 성해응의 〈제이준심행기정후(題李浚瀋行記程後)〉를 번역하고, 저자 이준과 《귀래정유고》에 대해 간략히 쓴 글과 이준의 춘신사행 배경을 간략히 설명한 글을 덧붙였다.

언제나 하는 말이지만 나름대로 최선을 다하고자 했다. 그러나 여전히 부족할 터이라 대방가의 질정을 청한다. 다만, 17세기 민족 수난기의 실기문학(문헌)에 대한 정치한 작품론이 치열하게 전개되는 데 이바지하기를 바랄 뿐이다.

끝으로 편집을 맡아 수고해 주신 보고사 가족들의 노고와 따뜻한 마음에 심심한 고마움을 표한다. 우리들의 평범한 일상을 뒤바꿔놓은 신종 바이러스 코로나 19가 조속히 종식되기를 바란다.

2020년 4월 빛고을 용봉골에서
무등산을 바라보며 신해진

일러두기 _____

이 책은 다음과 같은 요령으로 엮었다.

01. 번역은 직역을 원칙으로 하되, 가급적 원전의 뜻을 해치지 않는 범위 내에서 호흡을 간결하게 하고, 더러는 의역을 통해 자연스럽게 풀고자 했다.

02. 원문은 저본을 충실히 옮기는 것을 위주로 하였으나, 활자로 옮길 수 없는 古體字는 今體字로 바꾸었다.

03. 원문표기는 띄어쓰기를 하고 句讀를 달되, 그 구두에는 쉼표(,), 마침표(.), 느낌표(!), 의문표(?), 홑따옴표(' '), 겹따옴표(" "), 가운데점(·) 등을 사용했다.

04. 주석은 원문에 번호를 붙이고 하단에 각주함을 원칙으로 했다. 독자들이 사전을 찾지 않고도 읽을 수 있도록 비교적 상세한 註를 달았다.

05. 주석 작업을 하면서 많은 문헌과 자료들을 참고하였으나 지면관계상 일일이 밝히지 않음을 양해바라며, 관계된 기관과 여러분들께 진심으로 감사드린다.

06. 이 책에 사용한 주요 부호는 다음과 같다.
    1) (   ) : 同音同義 한자를 표기함.
    2) [   ] : 異音同義, 出典, 교정 등을 표기함.
    3) "   " : 직접적인 대화를 나타냄.
    4) '   ' : 간단한 인용이나 재인용, 또는 강조나 간접화법을 나타냄.
    5) <   > : 편명, 작품명, 누락 부분의 보충 등을 나타냄.
    6) 「   」 : 시, 제문, 서간, 관문, 논문명 등을 나타냄.
    7) 《   》 : 문집, 작품집 등을 나타냄.
    8) 『   』 : 단행본, 논문집 등을 나타냄.

차례

심행일기瀋行日記

심행일기
瀋行日記

1635년 1월

숭정 8년(1635, 을해년) 정월.

춘신사(春信使)로 제수되어 심양(瀋陽)에 가다.

崇禎[1]八年乙亥正月。除春信使[2], 赴瀋陽。

1월 20일.

춘신사로서 출발하며 하직 인사를 하니, 임금이 술을 내려 주고 또한 납약(臘藥) 9종, 후추나무 열매의 껍질 1말, 흑각(黑角)으로 만든 활 1장, 긴 화살과 짧고 작은 화살 각 1부, 화살 나무통 1개, 표범 가죽 1영, 단목(丹木) 15근, 갈대로 만든 모자 1개 등의 물품을 하사하였다. 비국(備局)을 방문하고 경영교(京營橋)의 길목에 있는 여염집에 나가서 묵었는데, 첨지 정돈부(鄭敦夫)·첨사 김성지(金成之)와 베개를 나란히 하여 자며 이야기를 나누었다.

---

1 崇禎(숭정): 중국 마지막 황제인 思宗 朱由檢의 연호(1628~1644).

2 春信使(춘신사): 1627년 정묘호란으로 말미암아 後金과 형제국의 맹약을 맺고 매년 봄·가을에 보내던 사신. 그들의 수도 瀋陽에 가서 朝貢을 바쳤다. 봄에 가던 사신을 춘신사라 하고, 가을에 가던 사신을 秋信使라 한다.

二十日。

辭朝[3], 上宣醞[4], 賜臘藥[5]九種, 胡椒[6]一斗, 黑角弓[7]一張, 長片箭[8]各一部, 桶兒[9]一介, 豹皮[10]一領, 丹木[11]十五斤, 笠帽[12]一事等物。 詣備局[13], 出宿京營橋[14]項閭家, 鄭僉知[15]敦夫・金僉使[16]成

---

3 辭朝(사조): 관직에 새로 임명된 관원이 부임하기에 앞서 임금에게 하직함.

4 宣醞(선온): 임금이 신하에게 술을 내려 줌.

5 臘藥(납약): 조선시대 해마다 臘日에 임금이 가까운 신하들에게 나누어주던 약의 하나. 동지 뒤의 셋째 未日인 납일에 궁중의 內醫院에서 여러 가지 환약을 만들어 올렸다.

6 胡椒(호초): 후추나무 열매의 껍질. 癨亂・健胃劑・구풍제 등에 쓰인다.

7 黑角弓(흑각궁): 빛깔이 검은 무소의 뿔로 만든 활.

8 長片箭(장편전): 긴 화살인 長箭과 아기살인 片箭을 아울러 이르는 말.

9 桶兒(통아): 짧은 화살을 쏠 때에 살을 담아 넣어서 메어 쏘는 가느다란 나무통. 화살은 이 통을 거쳐 나가며 통은 앞에 떨어졌다.

10 豹皮(표피): 표범 가죽. 호랑이・곰 가죽과 함께 매우 귀한 것으로 朝貢할 때에 중국에 보내는 주요한 물품 중의 하나였다.

11 丹木(단목): 콩과의 작은 常綠喬木. 활을 만드는 데 쓰이고, 속의 붉은 부분은 木紅이라 하는 안료의 재료이다.

12 笠帽(입모): 갈대로 만든 모자.

13 備局(비국): 조선시대, 군국의 사무를 맡아보던 관아. 備邊司라 하기도 한다. 원래 국방문제에 대처하는 임시기구였다. 왜구와 여진의 침입이 계속된 성종 때 의정부와 병조 이외에 국경 지방의 요직을 지낸 인물을 필요에 따라 대책 마련에 참여시키게 되었던 것이다. 1592년 임진왜란이 일어나자 국난을 수습, 타개하기 위해 비변사를 전쟁 수행을 위한 최고 기관으로 활용하면서 그 기능이 확대, 강화되었다. 즉, 수령의 임명, 군율의 시행, 논공행상, 請兵, 둔전, 공물 진상, 시체 매장, 군량 운반, 훈련도감의 설치, 산천 제사, 貞節의 표창 등 군정, 민정, 외교, 재정에 이르기까지 전쟁 수행에 필요한 모든 사무를 처리하였다.

14 京營橋(경영교): 京橋. 敦義門 밖을 지나 경기감영 앞에 있던 넓은 다리.

15 僉知(첨지): 僉知中樞府事. 조선시대에 中樞院에 속한 정3품 무관의 벼슬.

16 僉使(첨사): 僉節制使. 조선시대에 각 鎭營에 속한 종3품 무관의 벼슬.

之, 聯枕[17]敍話。

1월 21일。 맑음.

아침에 첨지 최혼(崔渾) · 첨지 박은생(朴殷生) · 첨지 오선신(吳善臣) ·
봉산(鳳山) 군수 윤응시(尹應時) · 정랑(正郎) 홍익한(洪翼漢) · 생원 윤인
(尹墤) · 철산 부사(鐵山府使) 강자과(姜子果) · 주부(主簿) 정례(鄭硡) ·
동지(同知) 임예룡(林禮龍)이 찾아왔다.

모화관(慕華館)에 도착하자, 동지 황집(黃緝)이 어영중군(御營中軍)
으로서 병사를 거느리고 진(陣) 치는 법을 익히며 훈련하다가 나를
맞이하여 잠시 이야기하였다. 동지 이영달(李英達)과 첨지 이후여
(李厚興) 역시 자리에 있었다.

홍제원(洪濟院)에 이르렀을 때 정돈부(鄭敦夫)가 뒤쫓아 와서 이야
기를 나누다가 헤어졌다.

저물어서 고양군(高陽郡)에 도착하니, 군수 이문헌(李文憲)이 나와
기다리고 있었고, 김성지(金成之)가 와서 함께 잤다.

二十一日。晴。

朝崔僉知渾·朴僉知殷生[18]·吳僉知善臣[19]·鳳山[20]倅尹應時·

---

17 聯枕(연침): 한 자리에서 함께 잠.

18 朴僉知殷生(박첨지은생): 朴殷生(?~1636). 본관은 尙州. 무과에 응시하여 급제하였
고 무예가 출중하여, 金就宗·朴廷蘘·宋信榮·安晩男·俞涉 등과 함께 絃弓을 하사받
았으며, 관직은 穩城府使에 올랐다. 1635년에는 折衝將軍 行龍驤衛副護軍에 제수되

洪正郎²¹翼漢²²·尹生員壎·姜鐵山子果·鄭主簿²³砬·林同知禮
龍, 來見。到慕華館²⁴, 黃同知織, 以御營中軍, 領兵習操²⁵, 而邀
余暫話。李同知英達·李僉知厚輿²⁶, 亦在座。到洪濟院²⁷, 鄭敦
夫追來話別。暮到高陽郡²⁸, 主倅²⁹李文憲出待, 金成之來共枕。

있다. 1636년 병자호란이 발생하자, 平安中軍이 되어 관찰사 洪命耈를 따라 전투에
참전하였다. 金化 땅에서 순국하였다.

19 吳僉知善臣(오첨지선신): 吳善臣(생몰년 미상). 본관은 羅州. 《承政院日記》에 따르
    면, 문과 출신의 서얼로서 1634년 碧潼郡守, 折衝將軍 龍驤衛副司直, 1641년 蛇渡僉
    使이었다.
20 鳳山(봉산): 황해도 봉산군 沙里院 동쪽에 있는 옛 읍.
21 正郎(정랑): 조선시대 六曹의 정5품 관직.
22 洪正郎翼漢(홍정랑익한): 洪翼漢(1586~1637). 본관은 南陽, 초명은 霫, 자는 伯升,
    호는 花浦·雲翁. 병자호란 때 三學士의 한 사람이다. 1636년 청나라가 조선을 속국
    시키는 모욕적인 조건을 내걸고 사신을 보내오자, 帝號를 참칭한 죄를 문책하고 그
    사신들을 죽임으로써 모욕을 씻자고 상소하였다. 마침내 그 해에 병자호란이 일어나
    자 崔鳴吉 등의 和議論을 극구 반대하였다. 그러나 청나라의 강요로 화친을 배척한
    사람의 우두머리로 지목되어 吳達濟·尹集과 함께 청나라로 잡혀갔다. 그곳에서 그
    는 청나라 장수 龍骨大에게 "작년 봄에 네가 우리나라에 왔을 때 소를 올려 너의
    머리를 베자고 청한 것은 나 한 사람뿐이다." 했고, 갖은 협박과 유혹에도 끝내 굽히
    지 않다가 죽임을 당하였다.
23 主簿(주부): 조선시대 관서의 문서와 符籍을 주관하던 종6품 관직.
24 慕華館(모화관): 敦義門 밖 서북쪽에 있던 客館. 중국 사신을 영접하던 곳이다.
25 習操(습조): 習陣과 操鍊을 아울러 이르는 말.
26 李僉知厚輿(이첨지후여): 李厚輿(1586~1657). 본관은 全州, 자는 重夫, 호는 東皐.
    1612년 증광무과에 장원으로 급제하여 內贍寺主簿를 제수 받았다. 전후 州縣을 여섯
    차례 다스렸는데 모두 탁월하였다. 여러 궁의 衛將을 여러 차례 역임하였고, 그 사이
    에 邊將이 되기도 하였다. 청렴하여서 사사로이 재물을 탐하지 않았으며, 평생 야인
    의 생활과 다름없이 지내 세인의 칭찬을 들었다 한다.
27 洪濟院(홍제원): 조선시대에 중국 사신들이 서울 성안에 들어오기 전에 임시로 묵던
    공관. 현재 서울특별시 서대문구 홍제동에 있었다.

1월 22일. 맑음.

고양 군수와 이별하였고, 김성지(金成之)는 서울로 돌아갔다.

파주(坡州)에 도착하니, 현령 민인검(閔仁儉)이 서울로 올라갔다. 점심을 먹은 후에 임진강(臨津江)을 건너 장단부(長湍府)에서 묵었다.

二十二日。晴。

與主倅別, 金成之還京。到坡州[30], 主倅閔仁儉[31], 上京矣。晝占後, 渡臨津[32], 宿長湍府[33]。

1월 23일. 맑음

천수원(天水院)에 이르렀을 때, 타고 있던 역마(驛馬)가 놀라 내달려서 땅에 떨어졌다. 말은 다행히 다치지 않았다.

송경(松京)에 이르자, 도사(都事) 박해(朴垓)가 찾아왔다.

오후에 유수(留守) 남대(南台)가 공손하게 나와서 맞이하였다. 경력(經歷) 이영식(李永式)까지 두루 보았다.

---

28 高陽郡(고양군): 경기도에 있던 군. 현재는 고양시로 승격하였다.
29 主倅(주수): 그 고을의 수령.
30 坡州(파주): 경기도 북서부에 있는 지명.
31 閔仁儉(민인검, 생몰년 미상): 본관은 驪興. 아버지는 閔思權이고, 맏형이 閔仁伯이다.
32 臨津(임진): 臨津江. 강원도 법동군 龍浦里의 두류산에서 발원하여 개성시 판문군과 경기도 파주군 사이에서 한강으로 흘러드는 강.
33 長湍府(장단부): 경기도의 파주와 개성 일대.

날이 저물어 어둑해지자, 숙천 부사(肅川府使)를 지낸 한민달(韓敏達)과 대정 현감(大靜縣監)을 지낸 이구(李球)가 찾아왔다.

二十三日。晴。

到天水院[34], 所騎驛馬, 驚逸墜。馬幸不至傷。到松京[35], 都事[36]朴垓[37]來見。午後, 留守[38]南台, 以恭卽出接。歷見經歷[39]李永式。昏韓肅川[40]敏達[41]·李大靜球[42]來見。

1월 24일。 맑음.

금교참(金郊站)에 이르자, 강음(江陰) 현감 변사기(邊士奇: 邊士紀의 오기)가 나와 기다리고 있었다.

탈미시령(脫微矢嶺)에 도착하여 평안도 병사 류림(柳琳)이 병으로

---

34 天水院(천수원): 松都에 있었던 妓樓.

35 松京(송경): 조선시대 이후 고려시대의 도읍지인 開城을 松嶽山 밑에 있던 서울이란 뜻으로 일컫는 말.

36 都事(도사): 중앙과 지방 관청에서 사무를 담당한 관직.

37 朴垓(박해, 1575~?): 본관은 潘南. 그가 松都에 지은 작은 누각 淸香閣이 있다.

38 留守(유수): 수도 이외의 옛 도읍지나 국왕의 행궁이 있던 곳 및 군사적인 요충지에 두었던 유수부의 관직.

39 經歷(경력): 주요부서에 실무담당 종4품 관직.

40 肅川(숙천): 평안남도 平原 지역의 옛 지명.

41 韓肅川敏達(한숙천민달): 韓敏達. 1631년 윤11월 27일 肅川府使로 제수됨.

42 李大靜球(이대정구): 李球. 1629년 大靜縣監이 되었다가 1634년에 체차되었고, 1638년 渭原郡守, 1641년 郭山郡守, 1645년 宣沙浦僉使, 1646년 龍川府使 등을 지냈다.

교체되어 돌아가는 길에 길가에서 잠시 이야기하였다.

저물어서 평산현(平山縣)에 이르니, 이몽천(李夢天)이 관서(關西)에서 찾아와 오랫동안 쌓인 회포를 풀었다.

二十四日。晴。

到金郊站⁴³, 江陰⁴⁴倅邊士奇⁴⁵出待。到脫微矢嶺, 平安兵使柳琳⁴⁶, 病遞歸路左暫話。暮到平山縣⁴⁷, 李夢天來自關西, 以敍積年之懷。

---

43 金郊站(금교참): 황해도 金川에 있던 역참. 조선시대에 한양에서 義州로 가는 직로상의 平山에서 黃州를 연결하는 교통로에 자리 잡고 있었다.

44 江陰(강음): 황해도 金川 지역의 옛 지명. 당시 강음현은 동쪽과 북쪽은 평산, 서쪽은 배천, 남쪽은 개성과 접하고 있었다.

45 邊士奇(변사기): 邊士紀의 오기.

46 柳琳(류림, 1581~1643): 조선시대 포도대장, 경상좌병사, 평안도병마절도사 등을 역임한 무신. 본관은 晉州, 자는 汝溫. 1630년 전라도수군절도사로 재임 중에는 수군을 이끌고 평안도 椵島에서 일어난 劉興治 등이 일으킨 난을 평정하였다. 영변부사를 거쳐, 1634년 평안도병마절도사에 임명되어 국방을 강화하고 청나라의 무리한 요구를 거절하였다. 1636년 다시 평안도병마절도사에 임명되어 성지 보수, 총포 제조, 군량미 비축, 군사 훈련 등을 힘썼다. 이 해 겨울 병자호란이 일어나자 순찰사 洪命耈와 함께 적병을 추격하면서 항전하였다. 이듬해 1월에 청군을 김화에서 무찌르고 춘천에 이르렀으나, 남한산성이 함락되었다는 소식을 듣고 실의에 빠졌다. 다시 평안도병마절도사로 부임해 공수 대책에 전념하였다. 1641년 청나라가 명나라를 칠 때 병사를 요청해오자 왕명을 받아 錦州로 출정하였다. 하지만 명나라와의 지난날의 의리를 생각해 참전을 회피하고, 소극적으로 싸워 청나라의 문책을 받았다.

47 平山縣(평산현): 황해도 평산군의 한 읍.

1월 25일。 맑음.

총수관(葱秀館)에서 점심을 먹고 저물어서 서흥부(瑞興府)에 묵었
는데, 부사(府使) 한호(韓灝)가 정성껏 대접하였다.

二十五日。 晴。

晝占葱秀館[48], 暮宿瑞興府[49], 主倅韓灝[50]款接。

1월 26일。 비.

검수관(劍水館)에서 점심을 먹고 저물어서 봉산군(鳳山郡)에 이르
니, 겸직 최택선(崔擇善)이 찾아와서 극진히 환대해 주었다.

二十六日。 雨。

晝占劍水館, 暮到鳳山郡[51], 兼官[52]崔擇善[53], 來待極款。

---

48 葱秀館(총수관): 중국 사신이 머무는 관소. 황해도 平山 북쪽에 있었다. 서북 지역으
　로 가기 위해 지나는 곳이다.

49 瑞興府(서흥부): 황해도 재령 동측에 있던 瑞興都護府를 일컬음.

50 韓灝(한호, 생몰년 미상): 병자호란 때 金自點이 있는 正方山城과 李培元이 있는 長
　壽山城으로 집결한 바 있는데, 한호는 군대 내 장교로서의 임무를 맡으면서 자신의
　임지로 돌아가 민간인을 피신시키고 의병을 모으기도 했다.

51 鳳山郡(봉산군): 황해도의 중앙에서 약간 북부에 위치한 군.

52 兼官(겸관): 兼職. 자신의 고유한 직책 외에 다른 관직을 겸임할 때의 관직. 守令의
　자리가 공석일 경우, 이웃 고을 수령이 임시로 맡아서 일을 보았다.

53 崔擇善(최택선, 1584~1637): 본관은 全州, 자는 執中. 병자호란 때 재령현감으로서
　金自點 휘하 황해 勤王軍에 합류하여 토산 전투에서 피살되었다.

1월 27일. 맑음.

사연암(蛇緣巖)에 이르러 삭주 부사(朔州府使) 최진백(崔眞伯: 崔葆)의 상여 행렬을 마주쳤다. 그러나 객지에서 어명을 받드느라 관(棺)을 어루만지며 곡(哭) 한번 하지 못하고 절로 울음을 삼키며 보낼 뿐이었다.

황주(黃州)에 도착하자, 병사(兵使) 이의배(李宜培: 李義培의 오기)가 나와서 정성껏 대접하였다. 함평(咸平) 사람인 판관(判官) 김(金)이 저물녘에 기녀를 거느리고 와서 먼 길 떠나는 것을 위로했으나, 나는 조상의 제사일이라며 거절하였다.

二十七日。晴。

到蛇緣巖, 逢朔州⁵⁴倅崔眞伯⁵⁵喪行。而以奉命異域, 不得撫棺一哭, 只自吞聲以送。到黃州⁵⁶, 兵使李令宜培⁵⁷, 卽來款接。

---

54 朔州(삭주): 평안북도 서북부에 위치한 지명. 동북쪽은 창성군, 서쪽은 의주군, 남쪽은 태천군·구성군과 접하고, 북쪽은 압록강을 사이로 만주와 마주보고 있다.

55 崔眞伯(최진백): 崔葆. 본관은 朔寧, 자는 眞伯. 1603년 武科에 급제하여 海南縣監을 지내고 昌城府使가 되었다. 崔衍(1576~1651)의 친형이다. 《承政院日記》1635년 1월 15일 기사에 의하면, "우부승지 최연에 대해서는 친형인 전 부사 최보의 喪으로 인한 服制를 이미 7일 동안 시행하였으니, 출사하도록 하는 것이 어떻겠습니까?(右副承旨崔衍, 同生兄前府使崔葆服制, 已行七日, 出仕, 何如?)"는 기사가 있다.

56 黃州(황주): 황해도 黃州郡의 군청 소재지.

57 李令宜培(이영의배): 李義培(1576~1637). 본관은 韓山, 자는 宜伯. 1599년에 무과에 급제하여 선전관 등을 지냈다. 1623년 仁祖反正에서 공을 세워 靖社功臣에 책록되었고, 그 뒤 김해부사, 오위도총부부총관 황해·평안·함경도 등의 병사 등을 거쳐, 1635년 공청병마절도사로 다시 부임해 그곳에서 1636년 병자호란을 맞아 병사를 이끌고 남한산성을 향하던 도중 廣州 부근 竹山에 도착하여 적군에게 포위되어 끝까

判官金卽咸平[58]人, 昏率妓來慰遠行, 余以家忌[59]却之。

1월 28일。맑음.

중화(中和)에 이르자, 현감 류정익(柳廷益)과 상원(祥原) 현감 김적
(金迪)이 함께 기다렸다가 정성껏 환대하였다. 외가 채씨(蔡氏) 문중
의 여러 친족들도 찾아와서 이야기를 나누었다. 어린 기생 순생(順
生)이 잠자리를 같이하려는 것을 물리쳤다.

二十八日。晴。

到中和[60], 主倅柳廷益[61]·祥原[62]倅金迪[63], 共待款接。蔡門諸
族[64], 亦來叙話。兒妓順生, 薦枕却之。

지 맞서 싸우다 전사하였다. 원문의 宜培는 宜伯의 오기이다.

58 咸平(함평): 전라남도 함평군에 있는 읍.

59 家忌(가기): 집안 조상의 忌祭.

60 中和(중화): 평안남도 남단에 위치한 지명.

61 柳廷益(류정익, 생몰년 미상): 본관은 文化. 무과에 급제하여, 1630년 형조 좌랑,
   1635년 中和縣監, 1637년 成川府使·定州牧使, 1638년 忠淸兵使 등을 지냈다.

62 祥原(상원): 평안남도 중화 지역의 상원면 지역에 있는 지명.

63 金迪(김적): 1633년 9월 25일 椵島의 千總 夏國柱가 家丁 80여 명을 거느리고 祥原縣
   에 도착하여 재물과 가축을 약탈하면서 주민들을 괴롭히자, 현감으로 달려가 금지시
   킨 인물.

64 蔡門諸族(채문제족): 李浚의 외가 친족을 일컫는 듯.

1월 29일。맑음。

아침 일찍 평양(平壤)에 도착하여 서윤(庶尹)의 아헌(衙軒: 집무실)에서 잠시 쉬고는 감사(監司) 장신(張紳)을 가서 만나고, 또 중군(中軍) 이대유(李大有)를 만났다. 밤에는 부윤(副尹) 도래보(都來甫: 都慶俞)와 이야기를 나누다가 함께 잤다.

二十九日。晴。

朝到平壤, 庶尹[65]衙軒[66]暫休, 往見監司張紳[67], 又見中軍[68]李大有。夜與副尹都來甫[69], 叙話聯枕。

1월 30일。맑음。

평양에 그대로 머무르며 도래보와 이대유 및 대동 찰방(大同察訪)

---

65 庶尹(서윤): 조선시대, 한성부와 평양부에 두었던 종4품 벼슬.

66 衙軒(아헌): 東軒. 조선시대 수령의 집무 공간.

67 張紳(장신, ?~1637): 본관은 德水. 우의정을 지낸 張維의 동생이다. 인조반정에 참여하였으며 황해도관찰사·수원부사·평안도관찰사 등을 역임하였다. 병자호란 때 강화유수로서 강화도를 지키지 못한 죄로 나라의 명을 받고 자진하였다.

68 中軍(중군): 조선시대, 각 군영에서 대장이나 절도사, 통제사 등의 밑에서 군대를 통할하던 장수.

69 都來甫(도래보): 都慶俞(1596~1636). 본관은 星州, 자는 來甫, 호는 洛陰. 1624년 사마시에 합격하고 정묘호란 때 호남으로 세자를 호종하였으며, 난이 끝난 뒤 금부도사·평양서윤 등을 역임하였다. 1636년 병자호란이 일어나자 경상도관찰사 沈演의 從事官이 되어 雙嶺戰鬪에서 쌓아놓은 화약의 폭발사고로 패전하였다. 그 죄로 유배 가던 도중에 죽었다.

홍전(洪腆)과 이야기를 나누었다.

三十日。晴。

留平壤, 來甫·大有及大同[70]察訪[71]洪腆, 叙話。

1635년 2월

2월 1일. 맑음.

수령과 하루 내내 이야기를 나누었다.

二月初一日。晴。

與主倅, 終日叙話。

2월 2일. 맑음.

일행의 예단(禮單)을 실을 쇄마(刷馬)가 미처 정돈되지 않아서 장차 오래 지체될 형편이었으므로 비국(備局)에 급히 보고하였다.

수령이 우리를 위하여 연광정(鍊光亭)에서 전별연을 베풀었는데, 중군(中軍: 이대유)과 대동(大同: 홍전) 모두가 와서 참례하였다.

初二日。晴。

一行禮單[1], 所載刷馬[2], 未及整齊, 勢將久滯, 故馳報備局。主

---

1 禮單(예단): 禮物을 적은 單子. 선물 명세서.

2 刷馬(쇄마): 조선시대 지방에 배치한 관용의 말. 주로 사신의 왕래나 진상품의 운반 및 지방관 교체시에 이용되었다.

倅爲我設餞于鍊光亭[3], 中軍·大同, 皆來參。

2월 3일。맑음.

수령이 우리와 함께 놀잇배를 준비하여 타고 이야기를 나누었다.
初三日。晴。
主倅爲我乘畫船[4], 叙話。

2월 4일。맑음.

비로소 출발하여 비국에 급히 보고하였다.
순안(順安)에 이르니, 현령 이대근(李大根)이 후하게 대접하였다.
初四日。晴。
始發馳報備局。到順安[5], 主倅李大根款接。

---

3 鍊光亭(연광정): 평안남도 평양의 대동강 주변에 있는 정자. 고구려 시기의 누정으로 關西 8경의 하나이다.

4 畫船(화선): 지붕이 있는 아름답게 장식한 놀잇배.

5 順安(순안): 평안남도 平原郡 순안면 지역에 있는 지명. 조선시대에는 서북방면에 있어서 군사·교통상의 요지였다. 군사상으로는 평양을 방어하는 외곽지대로 獨子山·大船串·西金剛山 등에 봉수가 있었고, 騎撥인 官門站이 있어 의주 지방의 상황을 남쪽으로 전달하였다.

2월 5일.

큰비가 쏟아 붓듯 해서 길을 나설 수가 없어 비국에 급히 보고하고 또 장계(狀啓)로 임금에게 아뢰었다.

수령이 문묘(文廟)에 제사를 드리고자 재계(齋戒)에 들어갔기 때문에, 홀로 텅 빈 객관(客館)에 있으려니 무료하기가 그지없었다.

初五日。

大雨如注, 不得啓行, 馳報備局, 又以啓聞[6]。主倅入齋[7]文廟[8], 故獨處空館, 無聊莫甚。

2월 6일. 맑음.

중국의 두 사신인 이 수비(李守備)와 마 수비(馬守備)가 행차하고 있었기 때문에 도중에서 마주치면 세간의 이목이 번다해질까 영유(永柔)로 피해 들어갔다. 현령이 유고가 있어서 아직 부임하지 않고 있었다.

初六日。晴。

以唐差[9]李馬兩守備[10]之行, 恐其中路相值, 耳目浩煩, 避入永

---

6 啓聞(계문): 조선시대 지방장관이 중앙에 상주하던 일.

7 入齋(입재): 제사 전날에 음식과 행동을 조심하며 재계하는 일.

8 文廟(문묘): 孔子를 正位 좌우에 중국과 우리나라의 명현 위패를 봉안해 성균관과 향교에 建置한 廟宇.

9 唐差(당차): 중국에서 보낸 사신.

柔¹¹。主倅姑¹²未到任¹³。

2월 7일. 맑음.

숙천부(肅川府)에 이르니, 부사(府使) 안철(安澈)이 전별연을 베풀어 정성껏 접대하였다. 만호(萬戶) 김창립(金昌立)과 함께 이야기를 나누었다.

初七日。晴。

到肅川¹⁴府, 主倅安澈¹⁵, 設餞款接。金萬戶¹⁶昌立共叙話。

2월 8일. 맑음.

안주(安州)에 도착하니, 판관(判官) 이경면(李慶綿)이 찾아왔다. 덕천 군수(德川郡守) 신간(申柬)·개천 군수(价川郡守) 이흘(李屹)·우후(虞

---

10 守備(수비): 명나라 때에 一城이나 一堡를 각기 지키는 것. 참고로, 一方을 總鎭하는 것을 鎭守라 하고, 一路를 獨鎭하는 것을 分守라 하였으며, 主將과 더불어 같이 一城을 지키는 것이 協守라 한다.

11 永柔(영유): 평안남도 平原郡 영유면 지역에 있는 지명.

12 姑(고): 故의 오기인 듯. 有故.

13 到任(도임): 지방의 관리가 임소에 도착함.

14 肅川(숙천): 평안남도 平原郡 숙천면에 있는 지명.

15 安澈(안철): 鄭太和(1602~1673)가 쓴 〈西行記〉의 1634년 4월 29일조에 의하면, 肅川府使 '安徹'로 되어 있음.

16 萬戶(만호): 조선시대 외침 방어를 목적으로 설치된 萬戶府의 관직.

候) 윤락(尹洛)도 함께 와서 이야기를 나누었다. 병사(兵使) 윤숙(尹
璹)이 찾아왔다. 철견(鐵堅) 등 두 아들이 와서 기다리고 있었다.

初八日。晴。

到安州[17], 判官李慶綿來見。德川[18]倅申[19]·价川[20]倅李屹·虞
候[21]尹洛[22], 共來叙話。兵使尹令璹[23]來見。鐵堅[24]二子來待。

2월 9일。 맑음.

군뢰(軍牢) 등을 정돈하는 일 때문에 그대로 체류하였다. 병상(兵
相: 윤숙)이 전별연을 베풀어 몹시 취한 뒤에야 파하였다. 철인(鐵人)
도 역시 따라왔다.

初九日。晴。

---

17 安州(안주): 평안남도 서북단의 안주군에 있는 지명.

18 德川(덕천): 평안남도 덕천군에 있는 지명.

19 申[신간, 1580~1638]: 본관은 高靈, 자는 東之, 호는 景談. 1624년 李适의 난을
    평정하는데 공을 세웠고, 1626년 惠山僉使, 1632년 博川郡守, 1635년 德川郡守, 병
    자호란 때 참전하였다.

20 价川(개천): 평안남도 북쪽 개천군에 있는 지명.

21 虞候(우후): 조선시대 각 道의 節度使에 소속된 관직.

22 尹洛(윤락, 생몰년 미상): 본관은 坡平, 자는 得中, 호는 東湖. 1632년 高山里僉使를
    지냈다.

23 尹令璹(윤영숙): 尹璹(1581~?), 본관은 海平, 자는 元玉. 1628년 平安兵使, 1630년
    京畿水使와 南兵使, 1635년 평안 병사 등을 지냈다.

24 鐵堅(철견, 1629~1636): 李浚의 서자.

以軍牢²⁵等整齊事, 仍留。兵相²⁶設餞, 極醉而罷。鐵人²⁷亦隨
來矣。

2월 10일。맑음。

저물어서 박천군(博川郡)에 도착하니, 군수 허천경(許天擎)이 정성
껏 대접하였다. 영변 부사(寧邊府使: 徐弼文)는 사정이 있어 오지 못
했다. 철인(鐵人) 두 아들들이 또한 따라왔다.

初十日。晴。

暮到博川²⁸郡, 主倅許天擎²⁹款接。寧邊府使³⁰有故未來。鐵
人二子等, 亦隨來矣。

---

25 軍牢(군뢰): 군대 안에서 죄인을 다루던 병졸. 죄인을 문초, 구금하거나 형벌을 집행
    하는 일을 맡았고, 훈련도감의 牢子들은 왕의 행차 때 경호에 참가하기도 하였다.
26 兵相(병상): 兵馬節度使를 달리 이르는 말. 조선시대 각 도의 군사적인 지휘를 효율
    적으로 하기 위해 설치한 종2품 서반 관직이다. 兵使라고도 한다.
27 鐵人(철인): 李浚의 서자인 듯.
28 博川(박천): 평안북도 박천군의 군청 소재지.
29 許天擎(허천경): 鄭太和(1602~1673)가 쓴 〈西行記〉의 1634년 4월 29일조에 의하
    면, 博川郡守 '許天敬'으로 되어 있음.
30 寧邊府使(영변부사): 鄭太和(1602~1673)가 쓴 〈西行記〉의 1634년 5월 29일조에 의
    하면, 徐弼文임. 1625년 扶安縣監, 1627년 固城縣監, 1629년 都監右部千摠, 1633년
    中軍, 慶源府使, 1635년 行龍驤衛副司直, 1636년 江界都護府使 등을 역임한 것으로
    보인다.

2월 11일. 맑음.

철견(鐵堅) 세 모자와 이곳에서 헤어졌는데, 심회가 더욱 좋지 않았다.

가산(嘉山)에 이르러 점심을 먹었다. 현감 이항보(李恒甫)가 나와서 기다리고 있었다.

납청정(納淸亭)에 도착하여 잠시 쉬었다가 저물어서야 정주(定州)에 도착하니, 부사(府使) 김운해(金運海)가 정성껏 대접하였다.

十一日。晴。

與鐵堅三母子, 自此相分, 心懷尤惡。到嘉山³¹晝占。主倅李恒甫出待。到納淸亭³²少憩, 暮到定州³³, 主倅金運海³⁴款接。

2월 12일.

큰비가 내려 길을 떠날 수 없었다. 부사(府使)가 전별연을 베풀어 풍악을 울리게 하였는데 밤이 깊어서야 파하였다.

---

31 嘉山(가산): 평안북도 박천군에 있는 지명.

32 納淸亭(납청정): 평안북도 운전군 청정리의 서쪽 납청리 마을에 있는 정각. 1620년 경에 건축한 것으로서 天使의 休憩亭으로 이름 높았다 한다.

33 定州(정주): 평안북도 정주군의 군청 소재지.

34 金運海(김운해, 생몰년 미상): 본관은 光山, 자는 亨遠, 호는 碧流亭. 武科에 급제하였으나 광해군의 폭정을 당하여 벼슬에 뜻을 두지 아니하였다가 인조반정에 훈공을 세워 1623년 五衛將, 1625년 昆陽郡守, 1633년 宣川府使, 1642년 富寧府使, 1643년 白翎僉使, 1646년 公淸道助防將, 金海府使 등을 지냈다.

十二日。

大雨不得發行。主倅設餞奏樂, 夜深而罷。

2월 13일。 맑음。

동틀 무렵 운흥(雲興)에 도착하니, 곽산 군수(郭山郡守) 장훈(張曛)이 장막을 쳐놓고 나와 기다렸는데 매우 정성스러웠다.

임반관(林畔館)에 이르니, 선천 군수(宣川郡守) 이원기(李元基)와 철산 부사(鐵山府使) 지여해(池如海)가 검산(劍山)에서 찾아와 이야기를 나누었다. 그리고 동련(東輦: 車輦館의 오기)을 향하여 모든 짐들을 먼저 앞길로 보내려는데, 선천부(宣川府)의 어르신네[父老]들이 짐들을 가로막고서 잡아당기고는 이어 잔치를 베풀어 앞으로 나아가지 못하고 밤이 깊어서야 파하였다. 선천 군수 이원기·철산 부사 지여해와 나란히 잠을 잤다.

十三日。晴。

曉到雲興³⁵, 郭山³⁶倅張曛³⁷, 設幕來待甚款。到林畔³⁸, 主倅

---

35 雲興(운흥): 평안북도 구장군 묵시리의 서쪽 운흥천 상유기슭에 있는 마을. 고산지대에 위치해 있어 항상 실안개가 감도는 고장이다.

36 郭山(곽산): 평안북도 곽산군의 군청 소재지.

37 張曛(장훈, 생몰년 미상): 본관은 仁同. 도원수 張晩의 庶弟. 1624년 인조반정의 논공행상에 불만을 품은 평안병사 李适이 난을 일으켜 서울을 함락하자 廣梁僉使로 재임하면서 형 장만과 鄭忠信을 도와 난을 평정하는데 공을 세웠다. 이어 1633년 郭山郡守를 거쳐 1636년에 병자호란이 일어나자 평안도관찰사 洪命耈의 휘하 별장

李元基, 及池鐵山如海³⁹, 自劍山⁴⁰來話。欲向東輦⁴¹, 凡干行具, 先送前路, 宣府⁴²父老, 攀截行具, 仍設宴席, 不能前進, 因夜深而罷。與主倅 · 池鐵山⁴³壽夫⁴⁴, 聯枕。

2월 14일。맑음.

오후에 동련관(東輦館: 車輦館의 오기)에 도착하니, 군수 이인립(李仁立)이 와서 기다리다가 조촐한 술자리를 베풀었다.

으로서 난의 평정에 참여하여 2천여 명의 기병을 거느리고 安峽에 도착하여서 청나라의 군사와 항전을 계속하였으나 실패하였다. 1640년 肅川府使를 지냈다.

38 林畔(임반): 林畔館. 1395년에 중국 사신을 迎送하기 위하여 평안북도 宣川郡 임원(林原)에 설치하였다.

39 池鐵山如海(지철산여해): 池如海(1594~1636). 武科에 급제하여 金壽賢과 함께 명나라 연경을 방문하여 군사외교적 견문을 넓혔다. 정묘호란 때는 寧邊通判으로서 결사대 300명과 함께 공격해 타격을 가하여 그 공으로 龍川府使가 되었으나 모함하는 자의 참소로 의주에 充軍되었다. 椵島에 주둔한 劉興治의 변란에서 큰 공을 세우고 長淵府使가 되었다가 얼마 뒤 鐵山府使가 되었다. 병자호란 때 체찰사 金瑬의 裨將으로서 출전해 남한산성에서 전사하였다.

40 劍山(검산): 평안북도 동림군 산성리의 남쪽에 있는 산 이름. 정묘호란 때 후금 7만 대군이 청강벌에 침입하자 이곳을 지키던 의병 1,000여 명이 19일간이나 되는 치열한 싸움 끝에 적들을 물리쳤다 한다. 그리고 병자호란 때 적들의 본영을 불의에 습격하여 수많은 적들을 살상하고 포로로 잡았으며 적들에게 납치되었던 부녀자 3,000여 명을 구원하여 서울로 돌려보냈다고 한다.

41 東輦(동연): 車輦의 오기. 車輦館. 평안북도 鐵山郡에 있는 客館.

42 宣府(선부): 宣川府. 평안북도 선천군, 동림군 등 지역에 있던 府.

43 鐵山(철산): 평안북도 철산군의 군청 소재지.

44 壽夫(수부): 池如海의 字인듯 하나 受之의 오기.

十四日。晴。

午後到東䡓館，主倅李仁立來候，設小酌。

2월 15일。맑음.

저물녘에 용천(龍川)의 옛 고을에 이르니, 부사(府使) 이정건(李廷
建: 李廷楗의 오기)이 용골성(龍骨城)에서 와 맞이하였는데 지극히 정
성스러웠다.

十五日。晴。

暮到龍川[45]古府，主倅李廷建[46]，自龍骨城[47]，來迎極款。

2월 16일。맑음.

한낮 무렵 백마산성(白馬山城)에 도착하니, 주윤(主尹: 府尹) 임경
업(林慶業)이 극진히 맞이하였다. 내가 임신년(1632) 6월에 선천 부
사(宣川府使)였을 때 이 성이 수축되는 것을 와서 보았는데, 지금

---

45 龍川(용천): 평안북도 북서부에 있는 지명.

46 李廷建(이정건): 李廷楗의 오기. 1625년 慶源判官, 1634년 龍川府使를 지냈다.

47 龍骨城(용골성): 평안북도 염주군 방곡리와 피현군 성동리 일원에 있는 성. 고구려
    시대에 축조된 산성이다. 1627년 정묘호란 때 의병장 鄭鳳壽가 수천 명의 의병을
    지휘하여 압록강을 건너 침입해오는 후금의 공격을 성공적으로 물리치고 승리한 곳
    으로 유명하다.

성곽의 웅장함과 군대의 무기들이 매우 성대함을 보니 주윤이 나라를 위하는 정성을 깊이 우러렀다.

十六日。晴。

午到白馬山城[48], 主尹林慶業[49]極款。余於壬申六月, 任宣川時, 來見此城之築矣, 今見城堞之雄, 器用之具甚盛, 深仰主尹爲國之誠也。

2월 17일. 맑음.

의주(義州)의 옛 고을에 도착하여 용만관(龍灣館)에 묵었다.

十七日。晴。

到義州[50]古府, 宿于龍灣館[51]。

---

48 白馬山城(백마산성): 평안북도 의주군에 있는 산성. 고려전기 이후의 내성과 조선후기의 외성으로 구성된 석축 성곽이다.

49 林慶業(임경업, 1594~1646): 본관은 平澤, 자는 英伯, 호는 孤松. 李适의 난을 진압하면서 무관으로 두각을 나타냈다. 1626년 전라도 樂安郡守, 1630년 平壤中軍으로서 劍山城과 龍骨城을 수축하였고, 1633년 淸北防禦使 겸 寧邊府使로 白馬山城과 義州城을 수축했으며, 1634년 義州府尹이 되었으며, 1643년 명나라에 망명하여 청나라와 싸우다 생포되었으며, 1646년 仁祖의 요청으로 조선으로 압송되어 형틀에서 장살되었다. 그는 親明排淸의 무장이었다.

50 義州(의주): 평안북도 북서쪽에 위치한 지명. 동쪽으로는 삭주군·구성군, 남쪽으로는 용천군·철산군·선천군, 북서쪽으로는 압록강을 사이에 두고 만주지방과 경계를 이루고 있다.

51 龍灣館(용만관): 조선시대 중국으로 가는 사신 행차 길인 義州에 설치한 객관. 의주의 옛 지명이 龍灣縣이었던 것에서 그 명칭이 유래되었다고 한다.

2월 18일。맑음。

용만(龍彎)의 나루터에 머물렀다. 얼음이 녹지 않고 둥둥 떠다니는 얼음 덩어리가 끊이지 않아 배를 돌리는 것이 매우 어려워 강을 건너는 것은 20일이 좋다고 하였으므로 비국(備局)에 급히 보고하였다.

평안감사(平安監司: 張紳) 중군(中軍) 강 감찰(姜監察: 강수)이 48명의 인부와 말을 미처 정돈하지 못하였는지라, 매우 딱했다.

十八日。晴。

留龍彎津。冰難解流澌不絶, 回船甚難, 越江之日, 廿日爲吉, 故馳報備局。平監中軍姜監察, 四十八夫馬, 未及整齊, 悶悶。

2월 19일。맑음。

그대로 머물렀다.

十九日。晴。

仍留。

2월 20일。맑음。

강을 건너는 연유를 치계(馳啓)하고서 이른 아침에 관원과 일꾼들[員役]을 거느리고 압록강 가에 이르니, 주윤(主尹: 임경업)이 전별연을 베풀어 취한 채로 압록강(鴨綠江)을 건넜다.

二十日。晴。

馳啓渡江之由, 早朝率員役[52], 到鴨江[53]邊, 主尹爲設餞宴, 醉渡鴨江。

협주: 20일부터 3월 29일까지의 일기는 임금에게 상주하고 난 후의 기록에 수록되어 있기 때문에, 그 기록에 의거하여 여기에 붙인다.

(夾註: 自二十日至三月卄九日, 日記具在啓聞[54]後錄, 故依錄附此.)

---

52 員役(원역): 벼슬아치 밑에서 일하는 구실아치로 서리의 하나를 이르던 말. 雜職을 맡은 인원으로, 춘신사 이준과 下卒을 제외한 그 사이의 모든 隨行員을 가리킨다.

53 鴨江(압강): 鴨綠江. 한국과 중국의 국경을 이루면서 황해로 흘러드는 강.

54 啓聞(계문): 조선시대 신하가 정무에 관하여 임금에게 아룀. 옛날 중국에서는 황제에게 아뢰는 것을 奏聞이라 하였는데, 조선 초에는 申聞이라고 하던 것을 世宗이 1433년 계문으로 고쳤다.

장계후록(狀啓後錄)*

    춘신사(春信使) 이준(李浚)은 삼가 아뢰오니, 신(臣)의 일행이 지난 달 20일에 압록강(鴨綠江)을 건너 심양(瀋陽)에 들어가 왕래할 때 오랑캐 땅에서 보거나 들은 사정을 다음과 같이 열거하여 삼가 갖추어 계문(啓聞)하나이다.

숭정 8년(1635) 4월 1일 춘신사 이준

    春信使臣李浚謹啓, 臣一行, 去月二十日, 越鴨綠江, 入瀋陽[1] 往來時, 虜中聞見事情, 開坐于後, 謹具奏聞。

崇禎八年四月初一日, 春信使臣李浚

2월 20일.

    이른 아침 신(臣)은 압록강 가에 도착하여 예단(禮單)과 복물(卜 物: 짐바리)을 먼저 건너보낸 뒤로 신(臣)이 관원과 일꾼들을 거느리고 건너려 했습니다. 그 나머지 인부와 말은 의주 부윤(義州府尹)

---

*   成海應의 《研經齋全集》外集 권40 傳記類에 〈瀋行記程〉으로 실려 있음. 글자의 출입이 약간 있다.

1   瀋陽(심양): 중국 遼寧省의 省都. 청나라 초기의 수도였다.

임경업(林慶業)과 평안감사 군관으로 전 감찰(前監察)이었던 강수(姜綏)가 함께 입회하여 일일이 점검해 건너도록 하였습니다. 그러나 나룻배 4척이 모두 지극히 작고 더하여 떠다니는 얼음덩어리가 강을 덮어서 쉽게 건널 수가 없었사옵니다. 때문에 신(臣)은 그대로 압록강(鴨綠江) 가에 머물러 있다가 강기슭에 노숙하였는데, 한밤중이 되어서 생각지도 않은 비가 내려 일행 및 인부와 말이 추위에 신음하고 시름 겨워하는 모습을 차마 보고 들을 수 없었습니다.

二月二十日。

早朝, 臣來到鴨綠江邊, 禮單卜駄[2], 爲先過渡, 後臣率員役而渡。其餘夫馬,　義州府尹臣林慶業·平安監司軍官前監察臣姜綏[3], 眼同[4]一一點檢過渡。而但津船四隻, 並皆至小, 加以冰澌蔽江, 不能易渡。故臣仍留鴨江邊, 依岸露宿, 至夜半, 不意天雨, 一行夫馬, 吟寒愁苦之狀, 不忍見聞。

2월 21일. 흐림.

임경업과 강수가 어제처럼 점검하여 건너려 했는데, 신(臣)의 관원과 일꾼들 가운데 젊은 후금 역관[胡譯] 이이남(李二男)이 그의 개

2　卜駄(복태): 卜物. 짐바리.

3　姜綏(강수, 생몰년 미상): 본관은 晉州. 1626년 사헌부 감찰, 1630년 御營廳 把摠, 1633년 軍官을 지냈다.

4　眼同(안동): 한 가지 사항에 함께 入會하여 처리하는 것.

인 말이 아직 건너지 않았다 하여 사각(巳刻: 오전 10시 전후)에 건너
가서 신각(申刻: 오후 4시 전후)에 되돌아오다가 강 한복판에서 갑자
기 세찬 바람을 만나 거룻배가 뒤집혀 의주 사람[灣人] 2명이 물에
빠져 죽는 바람에 시신을 건져서 거두어 묻어주느라, 주윤(主尹: 임
경업)이 인부와 말을 아직 다 건너보내지 못하였기 때문에 그대로
머물러 노숙하였습니다.

二十一日。陰。

林慶業·姜綬, 如昨點涉, 臣員役中, 小胡譯李二男, 以其私馬
之未渡, 巳刻越去, 申刻回來, 半江卒遇颶風, 小船傾覆, 灣人二
名渰死[5], 拯斂掩瘞付之, 主尹夫馬未畢渡, 仍留露宿。

2월 22일。 맑음.

한낮이 되어서야 모두 건넜는데, 신(臣)이 거느린 일행과 인부들
및 공적이고 사적인 짐바리들은 중강(中江) 가에 도착하였습니다.
그러나 압록강(鴨綠江)에 건넜던 배가 중강에 되돌아가서 정박한 뒤
에 건너야 했기 때문에 아직 미처 다 건너지 못한 사람들도 있어서
강기슭에 의지하여 노숙하였습니다.

二十二日。晴。

---

5 渰死(엄사): 물에 빠져 죽음.

午時畢渡, 臣領一行員役, 及公私卜馱到中江[6]邊。鴨江渡涉
之船, 回泊中江而後渡, 故未及畢渡, 依岸露宿。

2월 23일. 아침에 흐리고 저녁에 비.

진시(辰時: 아침 8시 전후)에 모두 삼강(三江) 건너고 전진하는 연유
를 치계(馳啓)한 뒤, 금석산(金石山)을 지나 수모로(修毛老) 냇가에서
말에게 먹이를 주었습니다. 세천(細川)에 이르러 갑자기 비바람을
만나 유전(柳田)의 숲속에서 숙박하였습니다. 이곳은 중강(中江)과
의 거리가 겨우 60리였지만 사람이 살고 있지 않은 곳으로 초목들
이 길을 메운 데다 얼어붙은 땅이 반쯤 녹은 곳이 바로 깊은 구덩이
가 되는 바람에 사람과 말들이 엎어지거나 넘어져 빨리 가지 못하
니 걱정스럽사옵니다.

　二十三日。朝陰暮雨。

　辰時畢渡三江, 馳啓前進之由, 過金石山[7], 秣馬于修毛老川
邊。行到細川, 卒遇風雨, 止宿于柳田林藪間。距中江僅六十里,
無人之地, 草木沒遑, 凍土半解, 便成深坑, 人馬顚仆, 不能速進,
可悶。

6　中江(중강): 압록강 상류에서 갈라진 가닥의 하나. 흔히 압록강의 세 가닥을 小西江,
　中江, 三江이라 한다.

7　金石山(금석산): 頂石山 또는 海靑山이라고도 함. 중국 遼寧省 丹東의 압록강 연안에
　있는 九連城에서 33리 떨어져 있는 산이다. 지금의 大金山인 듯하다.

2월 24일。 맑음。

새벽에 출발하여 탕참(陽站)을 지나 용산(龍山) 냇가에서 밥을 먹고, 한낮이 되어서야 봉황성(鳳凰城)을 지나 백안령(伯顔嶺)을 넘어 고개 아래에서 노숙하였습니다.

二十四日。晴。

曉過陽站[8], 飯于龍山川邊, 午過鳳凰城[9], 踰伯顔嶺[10], 嶺下露宿。

2월 25일。

눈발을 무릅쓰며 송참(松站)을 지나 옹북하(甕北河)를 건너 팔도하(八渡河)의 백사장에서 밥을 먹고 장연(長淵)에 이르렀는데 통원보(通遠堡)와의 거리가 10리쯤 떨어진 곳이었습니다. 의주(義州)에서 같이 온 호위군 2명을 먼저 보내주어야 했으므로 금석산(金石山)과 봉황성 등 무사히 이미 지나온 길을 치계하였습니다. 물을 건너 몇 리를 가자, 통원보를 지키는 오랑캐 장수[將胡] 5명 정도가 수행 오랑캐[從胡] 5명을 거느리고 신(臣)을 맞아 길에서 인사하는지라, 신

---

8 陽站(양참): 湯站의 오기.
9 鳳凰城(봉황성): 중국 遼寧省에 있었던 고구려 산성. 고구려 산성 가운데 가장 큰 산성의 하나로, 烏骨城이라고 불렸다. 압록강 하류에 위치한 중국 요녕성 丹東市의 동북쪽 20여 km쯤에 자리하고 있다.
10 伯顔嶺(백안령): 중국 元나라 伯顔이 머물렀던 고개라 하여 붙여진 이름.

(臣)이 후금 역관 김명길(金命吉)에게 물어보도록 하였습니다.

"그대들은 어떻게 우리가 오는 것을 알고 맞이하러 온 것이오?"

오호(五胡)가 말했습니다.

"앞서 마장(馬將: 馬夫大)을 통해 사신들이 조만간 이곳에 온다는 것을 들었기 때문에 나와 기다리고 있소."

신이 또 물었습니다.

"그대 나라의 사행을 호위하는 군인들이 이미 도착하였소?"

대답했습니다.

"현재 아직 오지 않지만 방금 전 달려와 보고하는지라, 응당 즉시 나온 것이오."

또 물었습니다.

"칸(汗)이 들고나고 하는가?"

대답했습니다.

"머물러 계시오."

장문(場門)에 이르렀을 때는 적막하게 사람이 없었으나 성 밖에 이르니 통원보(通遠堡)를 지키던 장호(將胡: 오랑캐 장수)가 있었는데, 내소(乃素)·안태(安太)·왕가대(王可戴) 세 사람이 수행 오랑캐 8명을 거느리고 맞이하러 나왔습니다. 안태는 둔전(屯田)의 농사를 맡아서 새로 부임한 자로 바야흐로 농가에 일을 시키고 있지만 현재 아직 완료하지 못했습니다. 내소(乃素)가 신(臣)의 일행을 냇가에 인도하였는데, 신(臣)이 여진족의 말을 익힌 신계암(申繼黯)으로 하여

금 따져 묻도록 하였습니다.

"인가를 버려두고서 냉지에다 자리 잡는 것은 무엇 때문이오? 우리나라는 그대들 시중드는 사람들을 대우하는 것이 지극하였거늘, 어찌하여 그대들은 우리를 대우하는 것이 야박한가?"

그 오랑캐들이 말했습니다.

"칸(汗)의 명령이 지엄할 뿐만 아니라 또한 성 밖에서 숙박하는 규례가 있으니, 어찌 감히 규례를 벗어날 수 있겠는가?"

언쟁하기를 그치지 않아서 신(臣)이 하는 수 없이 냇가에서 노숙하였고, 오랑캐 장수들도 수행 오랑캐들을 거느리고서 또한 근처에서 유숙하였습니다. 오랑캐 장수들 가운데 왕가대(王可戴)는 광녕성(廣寧城) 출신의 중국 사람으로 후금 역관 권인록(權仁祿)·김명길(金命吉) 등과 서로 아는 사이인지라, 역관들로 하여금 심양의 사정과 사행 호위군들이 오지 않은 이유를 묻게 하였더니, 대답하였습니다.

"사행 호위군은 때마침 빙판길을 만나서 사신들이 오기가 어려울 것으로 생각하여 오지 않았소. 다만 이 통원보(通遠堡)에 단단히 명령을 내려 일렀으니, '조선(朝鮮)의 사행이 오면 호위군을 내보내어서 들어올 수 있게 한 후에 전진하는 것을 만류하지 말고 즉시 급히 보고하라.'고 하셨소."

신(臣)은 이 말을 핑계하는 말로 여겼으나, 간혹 이와 같은 사고가 있기 때문에 만류하는 일이 있사옵니다.

二十五日。

冒雪過松站[11], 渡甕北河[12], 飯于八渡河[13]沙汀, 行到長淵, 距
通遠堡[14]十里。義州護送軍二名, 先爲出送, 故金石·鳳凰等處,
無事已過之由馳啓。越川數里, 通遠堡守將胡五許, 能率從胡五
名, 迎臣路拜, 臣使胡驛金命吉, 問曰: "你等, 何以知我行而來
迎也?" 五胡曰: "前因馬將[15], 聞使臣之近當到此, 故出候矣." 臣
又問曰: "爾國護行軍已到否?" 曰: "時未來矣, 今方走告, 當卽出
來." 又問: "汗[16]出入." 答曰: "留在耳." 到場門[17], 寂寂無人, 到
城外, 守堡將胡, 乃素及安太·王可戴三人, 率從胡八名來迎。
安太卽任屯農, 而新來者, 方役農家, 時未完了矣。乃素導臣行
川邊, 臣使大女眞學[18]申繼黯[19]詰問[20]曰: "捨人家而就凉地, 何

---

11 松站(송참): 薛劉店이라고도 하였는데, 명나라 때는 鎭東堡站이라고도 부름.

12 甕北河(옹북하): 小長嶺과 大長嶺 사이에 있는 강. 三家河라고도 한다.

13 八渡河(팔도하): 압록강 서안 중국 측 변경지경에 위치한 하천. 嘉陵江 상류 좌안의
   주요한 지류이다.

14 通遠堡(통원보): 중국 요동지역의 군사 요충지인 동팔참의 하나로 조선 사행단의 행
   로 중 하나.

15 馬將(마장): 馬夫大를 가리킴.《인조실록》1635년 1월 6일 1번째 기사에 의하면, 인
   조가 仁政殿에서 접견한 것으로 되어 있다.

16 汗(한): 오랑캐 추장. 누르하치가 1626년에 죽고 홍타이지[皇太極]가 汗에 즉위하였
   으므로, 여기서는 皇太極을 가리킨다.

17 場門(장문): 압록강의 中江關 앞에 있는 관문.

18 女眞學(여진학): 여진족의 말을 익힌 자를 말함.

19 申繼黯(신계암): 吳允謙(1559~1636)이 淸語를 잘한다고 위에 아뢰어 春秋로 信使
   가는 데 딸려 보냈던 인물. 신계암은 10년 동안 왕복하면서 그 語音과 字劃을 배워
   서,《仇難》《巨化》《八歲兒》《小兒論》《尙書》등의 다섯 책에서 잘못된 것을 바로잡아

也? 我國之待爾差人至矣, 爾何待我之薄也?"伊胡等曰: "非但
汗令至嚴, 且有成外止宿之規, 何敢越例乎?"爭執不已, 臣不得
已露宿川邊, 將胡等率從胡, 亦宿近處. 將胡中王可戴, 卽廣
寧[21]漢人, 與胡譯權仁祿·金命吉相識, 使問藩中事情, 護行軍不
來之由, 曰: "護行軍, 時値氷路, 慮使行之或[22], 未得至矣. 只有
令飭於放堡曰: '朝鮮使行來到, 以護行軍出送之, 後可以入來,
挽不得前進, 卽爲馳報.'云."臣意以爲托辭, 而或有事故如是,
挽留是白齊[23].

2월 26일。 낮에는 흐리고 밤에는 비가 내림.

내소(乃素) 오랑캐가 날이 밝기를 기다렸다가 신에게 물었습니다.

"편안했소?"

대답하였습니다.

"여러 날 냉지에서 지내는데, 이것이 과연 사신을 대접하는 도리
인 것이오?"

오랑캐들이 말했습니다.

科試에 이를 사용하게 하였다.

20 詰問(힐문): 잘못된 점을 따져 물음.

21 廣寧(광녕): 廣寧城. 중국 遼寧省 北鎭에 있는 성.

22 或(혹): 難의 오기인 듯.

23 是白齊(시백제): '~이옵니다'의 이두.

"마음이 실로 편안치 않소."

아침밥을 먹고 출발하려 하자, 내소(乃素) 오랑캐 등이 떠나려는 것을 만류해 마지않았습니다. 과연 중국사람 왕가대(王可戴)의 말대로 신(臣)이 만류하는 것을 듣지 않고 말을 타니, 내소 오랑캐가 말고삐를 잡고 말했습니다.

"사신이 만일 칸(汗)을 뵙고자 한다면 이와 같이 경솔히 나아가서는 안 될 것이며, 또한 칸의 명령이 지엄하거늘 만일 따르지 않는다면 나는 기필코 죽임을 당할 것이니 꼭 앞으로 가려면 우리들을 죽여야만 갈 수 있을 것이오."

노하기도 하고 애걸하기도 하면서 한사코 굳게 만류하는지라, 하는 수 없이 그대로 머물렀습니다.

二十六日。晝陰夜雨。

乃胡等天明問臣: "安否?" 答曰: "累日處冷, 此果待使臣之道耶?" 胡人等曰: "心實未安." 早食欲發, 乃胡等挽行不已。果如王漢之言, 臣不聽跨馬, 乃胡執轡曰: "使臣如欲見汗, 不可如是輕進, 且汗令至嚴, 如或不遵, 吾必見誅, 必欲前進, 殺吾輩可行." 或怒或乞, 抵死堅挽, 不得已仍留。

2월 27일。맑음.

내소(乃素) 오랑캐가 새벽에 와서 안부를 묻자, 신(臣)이 대답했습니다.

"사람을 냉지에 있게 하고서 안부를 묻는 것은 무슨 경우이냐?"

권인록(權仁祿)이 말했습니다.

"전부터 이 통원보(通遠堡)를 지키던 장수 당개(唐介)가 지난겨울 이곳에 있었는데, 지금 어찌하여 보이지 않은 것이오?"

내소 오랑캐가 말했습니다.

"심처북호(深處北胡)가 흑룡강(黑龍江)의 동쪽에 우리를 배반하여 따르지 않고 모여 부(部)를 만들었소. 그래서 칸(汗)이 군사를 보내어 토벌케 하였는데, 당개가 지형을 익숙히 알았기 때문에 또한 따라가서 아직 돌아오지 않은 지가 지금 이미 수개월이 되었소."

정묘호란 때 포로로 잡혀간 의주(義州) 여자 이생(已生)의 지아비인 고세인(高世仁) 및 그녀의 사촌오빠인 의주 사람 윤석근(尹石斤)이 함께 따라 왔다가 마침 이생을 만나자, 이 세 사람은 서로 껴안고 머리를 조아리며 통곡하였습니다. 신(臣)이 고세인으로 하여금 몰래 오랑캐의 사정을 묻게 하였는데, 이생이 말한 바는 내소 오랑캐의 말과 부합하니, 북호(北胡)를 공격한다는 말은 아마도 분명할 듯하옵니다. 중국사람 왕을(王乙)이란 자는 왕가대(王可戴)의 아들이온데, 권인록이 비밀리에 오랑캐 사정을 물으니, 그가 대답했습니다.

"고산(高山: 固山) 요토(要土)가 장수 500명을 거느리고 오늘 26일 선부(宣府)·대동(大同)을 향해 떠났는데, 한 장수가 병사 17명을 거느렸다."

합계 만 명의 병사에 불과한데, 선부와 대동 등지에 깊숙이 들어 갔다는 것은 그럴 리가 없을 듯했습니다.

二十七日。晴。

乃胡曉來問安否, 臣曰:"使人處冷, 問之何爲?"權仁祿曰:"自 前守堡將唐介, 去冬在此, 今何不見?"乃胡曰:"深處北胡[24], 在 黑龍江[25]之東, 叛我不附, 聚而爲部。故汗送兵討之, 而唐介熟 諳地形, 故亦隨行未還, 今已數箇月。"云。丁卯被擄人, 義州女 子已生夫高世仁及其從娚義州人尹石斤, 並隨來, 適逢已生, 於 此三人, 抱扶[26]叩首號哭。臣使世仁密問胡情, 已生所言, 與乃 胡符合, 攻北胡之說, 恐不誣也。漢人王乙者, 卽可戴之子, 仁 祿暗問胡情, 曰:"高山[27]要土[28]領將官五百, 今廿六日, 發向宣 府[29]·大同[30], 而一將官所領十七名。"云。計不過萬兵, 而深入宣

---

24 深處北胡(심처북호): 백두산 북쪽에 사는 여러 오랑캐로서 아직 투항하지 않은 자들
   을 일컫는 말. 深處胡라고도 한다.

25 黑龍江(흑룡강): 중국 동북부와 러시아 남동부(시베리아)의 국경을 이루는 강. 중국
   어로는 헤이룽강, 러시아어로는 Amur강, 몽골어와 퉁구스어로는 하라무렌(검은
   강)으로 불린다. 외몽골의 아르군강과 오논강에서 발원해 동쪽으로 흘러 타타르만의
   니콜라예프스크(Nikolayevsk)에서 오호츠크해로 유입된다.

26 抱扶(포부): 抱持의 오기인 듯. 껴안음.

27 高山(고산): 固山. 몽고어의 旗라는 뜻인 gūsa. 만주인으로 편제된 滿人八旗가 있었
   는데, 八旗는 淸太宗이 제정한 兵制의 큰 조직으로서 總軍을 기의 빛깔에 따라 편제
   한 여덟 부대이다. 처음에 창설된 만인 팔기 외에 청나라가 점차 커지게 되자 漢人으
   로 편성된 부대인 漢人八旗, 몽고인으로 편성된 蒙古八旗가 차례로 편성되었다.

28 要土(요토): 貝勒 岳託(Yoto, 1599~1639). 禮烈親王 代善의 장남.

大等處，似無其理是白齊。

2월 28일。맑음。

오랑캐 장수들이 또 신(臣)의 안부를 물었습니다. 신(臣)이 이 통원보(通遠堡)에 오랫동안 머물러 있어서 형세를 헤아려보니, 아주 작은 외딴 성으로 인가마저 매우 적었습니다. 오후에 열대여섯 살 정도 되었을 오랑캐 어린 아이가 신(臣)의 처소를 지나가는지라, 권인록(權仁祿)으로 하여금 불러 묻게 하였더니 바로 당개(唐介)의 아들이었습니다. 또한 그의 아버지가 떠났는지 물었더니, 대답했습니다.

"지난해 겨울에 군대를 따라 북호(北胡)가 있는 곳으로 가셨는데, 근래에 듣건대 북호가 말뚝으로 울타리를 만들어놓았지만 우리 군대가 서너 개 부락을 빼앗고 조만간 마땅히 되돌아올 것이라고 합니다."

二十八日。晴。

將胡等，又問臣安否。臣久處此地，相度形勢，如斗孤城，人家甚少。午後有一胡兒，年可十五六，過臣所處，使仁祿招問，

---

29 宣府(선부): 지금 중국의 河北省 宣化縣을 가리킴. 명나라 때 설치되었던 변방 9개의 鎭 가운데 하나이다.

30 大同(대동): 중국 山西省의 북쪽 경계인 만리장성 바로 안쪽에 있는 지명.

乃唐介子也。問其父去留, 曰: "去年冬, 隨軍往北地, 頃聞北胡, 以木爲寨, 而我兵掠取三四部落, 近當回還云."

2월 29일。흐림.

오랑캐 장수들이 또 찾아와서 문안 인사하였는데, 권인록(權仁祿)으로 하여금 말하도록 하였습니다.

"나는 어명을 받들어 멀리 왔는지라 참으로 일각의 겨를도 없는데 이곳에서 지체되어 이미 사흘이나 헛되이 보내고 사행을 호위하는 군대를 손꼽아 기다렸소. 그런데 오기로 한 기한이 어제 저녁이었거늘 지금까지 아직도 그림자조차 보이지 않으니 괴상하기 짝이 없소. 오늘 길을 떠나는 것은 결단코 그만두어서는 아니 되나니, 지금 당장 길 떠날 준비해야 하겠소."

내소(乃素) 오랑캐 등이 머리를 조아리며 말했습니다.

"사신이 사흘이나 지체해준 것도 이미 매우 감사하여 다시 더 머물러달라고 청하기가 난처할 따름이오만, 이곳에 머무른 까닭을 보고하였는데 곧바로 출발하면 칸(汗)이 우리들을 어떻게 생각하시겠소? 바라건대 사신들은 이를 깊이 살펴 잠시만 더 머물러서 우리를 살려주오, 우리를 살려주오."

신(臣)이 그들이 말하는 것을 듣고 모습을 보니 진실한 마음에서 나온 듯했습니다. 또한 신(臣)이 억지로라도 가고자 하면, 저 개돼

지 같은 성질이 근거 없는 사달을 일으키고 말꼬투리를 잡으려 할
까 염려하였기 때문에 마지못하여 머물러 있기로 했습니다. 오랑
캐들은 하루 내내 높은 데로 올라가서 심양(瀋陽) 가는 길을 바라보
았는데, 날이 저물어도 사람이 없자 머리를 마주하고 서로 근심하
였습니다. 술시(戌時: 저녁 8시 전후)쯤 되어 사신의 행차를 호위할
팔고산(八高山: 八固山)으로 8명을 차출하여 보냈는데 각기 수행 오
랑캐 10씩 거느리고 오자, 내소(乃素) 오랑캐 등이 급히 신(臣)에게
고하였습니다.

"심양에서 사람이 왔소. 우리는 걱정이 없어졌소."

기뻐하는 기색이 마치 무엇인가 얻은 듯했습니다.

二十九日。陰。

將胡等曉又來問, 使仁祿言曰: "俺奉命遠來, 固當一刻之不暇
而留滯於此, 已費三箇日, 屈指[31]護行軍。行期昨暮, 當到此而
迄無形影, 甚可怪。今日登程, 斷不可已, 卽今治行[32]." 乃胡等
叩首曰: "使臣之留滯三日, 已極感激, 難請更留而已。報留此之
由, 徑自發行, 汗謂吾輩如何哉? 願使臣深諒少留, 活我活我."
臣聞言察貌, 似出實情。且臣如欲强行, 彼犬羊[33]之性, 恐起無

31　屈指(굴지): 손가락을 꼽아 헤아림. 손가락을 꼽아 셀 만큼 뛰어난 것을 가리키기도
　　한다.

32　治行(치행): 길 떠날 여장을 준비함.

33　犬羊(견양): 오랑캐 등 외적을 멸시하여 낮잡아 이르는 말.

據之端，以作執言³⁴之慮，故亹勉聽留。胡人等終日，登高候望
藩路，日暮無人，聚首相憂。戌量³⁵，護行八高山³⁶，差送八人，
各率從胡十名而來，乃胡等奔告臣曰：“藩人來矣！吾其無憂矣.”
欣欣然如有所得。

34　執言(집언): 말꼬리를 잡음.
35　戌量(술량): 戌時쯤. 술시는 저녁 7시부터 9시 사이이다.
36　八高山(팔고산): 중국 청나라 군사·행정조직. 전군을 8軍團으로 나누고, 황색·백색
　　·홍색·남색의 正黃旗와 이 4색기에 테두리를 두른 양황기를 군의 깃발로 하였다.

1635년 3월

3월 1일. 낮에는 흐리고 밤에는 비가 내림.

아침밥을 먹고 출발해 분수령(汾水嶺: 分水嶺)을 넘어 연산(燕山)의 연대(煙臺)에 숙박하려 했습니다. 사행을 호위하는 오랑캐 장수[護行將] 귀영개(貴永介)는 수행원들이 복개(伏介)라고 일컫는 자로 용골대(龍骨大)의 매부라 하는데, 사행의 호위를 전담하는 자였습니다. 그가 먼저 연대에 가서 좋은 방을 택해 깨끗이 청소하고서 영접하였는데, 대접을 공경히 하는 기색이 많았습니다. 다만 길을 가는 도중에는 우리들이 임의로 뒤에 처지지 못하게 금하는 것이 앞서의 사행과 다르다며 일행의 관원과 일꾼들이 자못 괴이하게 여겼습니다. 연대(煙臺)의 당번이었던 오랑캐 아윤(阿尹)은 도치(都致)라고 부르는 자로 경원(慶源) 경계에 있는 이선(里善) 부락의 오랑캐였습니다. 그는 말하는 사이에 자못 옛것을 그리워하고 새로운 것을 원망하는 태도가 있었는데, 권인록(權仁祿)에게 말했습니다.

"나는 고향을 떠나 멀리 와서 집에 물건 하나도 없지만 유일하게 남초(南艸: 담배)를 무역하여 집안의 비용으로 삼았거늘 이제 그것조차도 엄금하니, 이와 같다면 굶어죽은 귀신이 되는 것을 면하기가 어려울 것이다."

이렇게 말하고는 길게 탄식하면서 혀를 끌끌 찼는데, 권인록(權仁祿)이 그 까닭을 묻자 곧바로 역관(驛館) 안에서 물건을 교환하여 이익을 독점하려는 계책이었습니다. 그의 말은 족히 믿을 것이 못 되었지만 길에서 금하는 것이 전보다 심하니, 계교가 있을까 염려스럽사옵니다.

三月初一日。晝陰夜雨。

早食發行, 踰汾水嶺[1], 將宿燕山煙臺[2]。護行將貴永介[3], 差人之伏介稱號者, 卽龍骨大[4]妹壻云, 而專管護行者也。先往煙臺, 擇其好家, 精掃以接, 多有敬待之色。但行役之際, 禁我人使不得任意落後, 異於前行云, 一行員役, 頗以爲怪。煙臺直胡阿尹, 都致稱號者, 乃慶源[5]界里善部胡也。語言之間, 頗有戀舊怨新之態, 言於仁祿曰: "吾離鄕遠來, 頓無家件, 唯以轉換[6]南草爲

---

1 汾水嶺(분수령): 分水嶺으로도 표기됨.

2 煙臺(연대): 봉화를 올릴 수 있도록 일정한 설비를 갖추어 놓은 곳.

3 貴永介(귀영개): 후금 누르하치의 둘째아들 代善. 명나라 장수 劉綎을 이기고, 조선의 姜弘立을 항복시킨 인물이다. 청태종과 권력싸움에서 지고 조선에 10년간 망명했다가 병자호란 때 尹棨를 죽이고 도로 청나라에 투항한 인물이기도 하다.

4 龍骨大(용골대, 1596~1648): 他塔喇 英固爾岱(Tatara Inggūldai)인데, 명나라에서는 잉어얼다이(英俄爾岱) 혹은 잉구얼다이(英固爾岱)라고 부른다. 그는 청나라 개국시기의 유명한 장군이면서, 동시에 理財와 外交에 밝았던 것으로 유명하다. 1636년에 사신으로 仁祖妃 韓氏의 조문을 왔을 때 후금 태종의 尊號를 알리면서 군신의 義를 강요했으나 거절당하였다. 그 후 1636년 12월에 청나라 태종의 지휘 하에 청이 조선 침략을 감행할 때 馬夫大와 함께 선봉장에 섰다.

5 慶源(경원): 함경북도 경원군의 군청 소재지.

資, 今行之嚴禁, 若此難免翳桑[7]之鬼." 長吁咄咄, 仁祿問其由,
卽欲使館中貿換, 專利之計也。其言不足信, 但路禁甚前, 慮或
有巧計是白齊。

3월 2일。

온종일 큰비가 내려 출발할 수가 없어서 그대로 연대(煙臺)에 머
물렀습니다.

初二日。

終日大雨, 不得發行, 仍留煙臺。

3월 3일。 맑음.

새벽에 출발해 연산관(燕山館: 連山館)을 지나 회령령(會寧嶺)에서
아침밥을 먹은 뒤 첨수참(甛水站)을 지나서 청석령(靑石嶺)의 연대(煙
臺)에서 숙박하였습니다. 신(臣)이 첨수참을 지날 때, 우리나라 남
녀 3명이 성 위에 서 있다가 신(臣)을 바라보며 통곡하고 울부짖는

---

6 轉換(전환): 貿換의 오기. 무역으로 교환함.
7 翳桑(예상): 옛 지명이나, 먹을 것이 없어 굶어 죽는 것을 상징하는 말. 춘추시대
   晉나라 靈輒이 翳桑에서 굶주리고 있는 것을 趙盾이 지나다 보고 먹을 것을 주어
   구제해 주었고, 그 뒤에 영첩이 진나라 靈公의 甲士가 되어 위험에 처한 조돈을 다시
   구제해 줌으로써 조돈이 죽음을 모면하였다.

데 그 참혹함을 차마 볼 수가 없었습니다. 연산관(燕山館)의 옛터에 바야흐로 새집을 짓고 있어서 권인록(權仁祿)으로 하여금 물어보게 하였더니, 이호(伊胡)들이 말했습니다.

"조선의 사신을 접대하기 위해서 짓는 것이다."

이 객관(客館)은 통원보(通遠堡)와 첨수참(甜水站) 사이에 있고 서로의 거리가 각기 4, 50리쯤 되었습니다. 첨수참이 성가퀴가 허물어지고 낡은 데다 인가마저 피폐한지라, 포로가 된 평양(平壤) 출신 최윤봉(崔允奉)에게 부탁하여 물었더니, 이 첨수참의 수직 장수 오랑캐들은 모두 통원보로 옮겨갔으며 오직 장교 2명만 있고 거느리고 있는 자도 단지 10여 명이라고 하였습니다. 또한 오늘 심양(瀋陽)에서 뒤쫓아 온 오랑캐 사신[差胡] 어응거이(於應巨伊)는 귀영개(貴永介)가 신임하는 재화(財貨) 담당자였는데, 칸(汗: 홍타이지)이 신(臣)의 사행을 호위하도록 특별히 보냈다고 했습니다. 또 칸의 뜻이라며 소주 1항아리와 양 1마리를 상인 등에게 대접하였습니다.

初三日。晴。

曉發過燕山館[8], 飯于會寧嶺[9], 過甜水站[10], 宿青石嶺[11]煙臺。

---

8 燕山館(연산관): 連山館으로도 표기됨.

9 會寧嶺(회령령): 중국 遼東의 連山關과 狼子山 사이에 있는 고개. 摩雲嶺이라고도 한다.

10 甜水站(첨수참): 중국 遼寧省 遼陽縣 甜水滿族鄕. 鳳凰城 이후 처음으로 큰 마을이라고 했던 곳으로 조선의 사행이 하룻밤을 묵거나 점심을 먹고 가던 곳이다. 요양 시내에서 동남쪽으로 대략 60여 km 지점에 위치하는 곳이다.

11 靑石嶺(청석령): 草河溝에서 60리 떨어지고 遼陽까지 80리인 지점에 있던 고개. 중

臣過甜水時, 我國男女三人, 立於城上, 望臣啼號, 慘不忍見。
燕山館舊基, 方建新屋, 使仁祿問之, 伊胡等曰: "爲接朝鮮使而
起."云。盖此館介在通遠甜水兩站之中, 而相距各四十五里。甜
水, 城堞頹落, 人家凋殘, 因被擄人平壤崔允奉問之, 則此站守
直將胡等, 併移通遠, 惟有將校二人, 所率只十餘人云。且今日
自瀋追來, 差胡[12]於應巨伊, 卽貴永之信任司貨者也, 汗爲臣護
行別遣云。且以汗意, 燒酒一缸, 羊一首, 餉賈人等。

3월 4일。 흐림.

아침밥을 먹고 청석령(靑石嶺)에 이르렀는데, 돌길이 비탈지고
울퉁불퉁하여 사람과 말이 나아가지를 못했고 신(臣)도 역시 말에
서 내려 걷다가 형초(荊草)를 자리에 깔고 앉자, 어응거이(於應巨伊)
역시 건너와서 신(臣)을 위로하여 신(臣)이 말했습니다.

"사신으로서 왔으니 어찌 감히 노고라 말을 하겠소? 다만 사행
길에 금하는 것이 앞서의 사행 길보다 심한 것은 무엇 때문이오?"

대답하였습니다.

"조선의 상인들이 일찍이 사행 길에 우리나라 사람들과 사적으

국 遼東의 鳳凰城에서 서북쪽으로 195리에 있는 고개였던 곳으로 푸른 돌이 많아
일컫는 것이다.
12 差胡(차호): 오랑캐가 보낸 사신이라는 뜻으로, 청나라의 사신을 홀하게 이르는 말.

로 몰래 산골짜기에서 서로 흥정하여 판다는 것을 칸(汗)께서 들으
시고 말씀하시기를, '이 땅의 사람들은 모두가 우리나라 사람들이
아니고 몽골과 중국 사람들도 그 속에 뒤섞여 있는데, 만일 탐욕스
럽고 사나운 무리들이 사람을 죽이고 물건을 빼앗는다면 우리 두
나라가 화목하게 지낼 수 있는 의리가 어디에 있겠는가?' 하시면서
그것을 엄히 금하도록 명하셨기 때문에 이와 같이 매우 엄한 것이
오. 전에 마장(馬將: 馬夫大)이 사신으로 갔을 때, 이미 이러한 뜻을
통보하였거늘 어찌하여 그것을 듣지 못했단 말이오?"

　신(臣)이 말했습니다.

　"말이야 아무리 좋다 하더라도 조처가 너무 지나치니, 체모와 예
의에 비쳐보면 이렇게 해서는 부당하오."

　어응거이(於應巨伊)가 한참 지난 뒤에야 비로소 말했습니다.

　"내가 마땅히 이를 사행의 호위장에게 말하겠소."

　이후로 사행 길에 금하는 것이 조금 완화되었는데, 신(臣)이 오랑
캐의 실정을 탐문하고자 이야기를 나누는 사이에 이호(伊胡)를 불
러들여 물으니, 이호가 말했습니다.

　"심처(深處)의 북호(北胡)가 대부분 복종하지 않았기 때문에 칸(汗)
께서 박길내(朴吉乃)·삼시복개(三時伏介: 貴永介) 등으로 하여금 지난
해 11월 병사들을 거느려 안으로 들여보내고 12월에는 당개(唐介)
등으로 군사를 보태어 보내니, 두 번 합하여 1만 명의 군대였소.
또 요토(要土)가 병사 3만 명을 거느리고 서쪽으로 가게 하였는데,

병사마다 각자 쌀 5되를 가지고 말 5필을 몰고 나간 지 지금 이미
7일이나 되었소."

신(臣)이 그들의 간 곳을 물으니, 이호(伊胡)가 말했습니다.

"오직 서쪽으로 향한 것만 알 따름이고, 어느 곳인지 알지 못
하오."

이 오랑캐는 알지 못할 리가 없을 듯한데, 숨기고 바른 대로 말하
지 않았습니다. 지난번 신(臣)을 통원보(通遠堡)에 머무르게 했던 그
가 핑계를 대는 것은 이치에 닿지 않은 것 같기 때문에 저들에게
혹 사고가 생겨서 그런 것인가 생각하였습니다. 이 오랑캐의 말을
듣는 동안, 그는 신(臣)으로 하여금 요토(要土)의 출병을 알지 못하
게 하려 하였지만 출병이 사실인 것 같습니다. 무릇 일마다 뽐내고
자랑하는 것이야말로 오랑캐들의 본디 성질인데, 요토의 병사들이
기세가 왕성하고 또 많았다면 반드시 신이 아는 것을 꺼리지 않을
것입니다. 그가 조정 신하의 사행에 핑계를 대었으니, 이번 군대의
병력 수와 내부사정은 대개 알 수 있는 것입니다.

오후에 고개를 넘어 낭자산(狼子山)에서 말에게 먹이를 먹였고,
저물어 삼류하(三流河)를 건너 두관참(頭官站)에서 숙박하였습니다.

初四日。陰。

早食行到靑石嶺, 石路崎嶇, 人馬不能進, 臣亦下馬而涉[13], 班

---

13 涉(섭): 步의 오기인 듯.

荊而坐, 於應巨伊亦來慰臣, 臣曰: "使使而來, 何敢言勞? 但行
路之禁, 甚於前, 何也?" 答曰: "朝鮮賈人, 曾於行路, 私與我人,
潛相和賣[14]於山谷之間, 汗聞之曰: '此土之人, 非盡我人, 蒙古·
漢人, 雜處其中, 如有貪悍輩, 殺越于貨, 吾兩國和好之義, 安
在?' 令其痛禁, 故如是甚嚴. 前於馬將之去, 已通此意, 何其不
聞乎?" 臣曰: "言雖善矣, 擧措太過, 揆諸體禮, 不當如是." 於應
胡良久, 乃曰: "吾當以此, 言于護行將矣." 是後路禁稍緩, 臣欲
探虜情, 接話之間, 引問伊胡, 伊胡曰: "深處北胡, 多不服從, 故
汗使朴吉乃·三時伏介等, 去十一月領兵入送, 十二月以唐介等,
添兵以送, 前後共一萬軍. 且要土領兵三萬而西, 每名各持米五
斗, 驅馬五匹, 出者今已七日矣." 臣問其所向, 伊胡曰: "唯知向
西而已, 不知某處."云. 此胡, 似無不知之理, 諱不直言者也.
向者留臣通遠也, 其爲托辭, 似不近理, 故意謂彼或有事故而然
也. 及聞此胡之言, 欲令臣不得見着於要土之出兵, 似是矣. 凡
隨事誇矜, 乃胡人之本性, 若要土之兵, 勢盛且衆, 則必不忌臣
之見. 其於托故[15]廷[16]臣之行, 此兵之多寡虛實, 槩可知矣. 午
後踰嶺, 秣馬于狼子山[17], 暮渡三流河[18], 宿頭官站.

---

14 和賣(화매): 물건을 사는 사람과 흥정하여 팖.

15 托故(탁고): 핑계 삼음. 구실을 만듦.

16 延(연): 廷의 오기인 듯.

17 狼子山(낭자산): 小石嶺과 摩天嶺 사이에 있는 산.

18 三流河(삼류하): 중국 遼寧省의 狼子山 30리 지점에 있는 강. 동북으로 흘러 太子河

3월 5일。맑음.

날이 밝을 무렵 출발하여 안평(安平) 지역의 송천사(松泉寺)에서 밥을 먹었습니다. 명나라 승려 한도원(韓道元)이 머리를 조아리며 무릎 꿇고 절하여 신(臣)이 그를 앉도록 하고서는, 의주(義州)의 군관(軍官) 최응천(崔應天)이 능히 중국어를 할 줄 알았기 때문에 그를 시켜 조용히 이야기를 나누다가 오랑캐 사정을 알았는데, 이렇게 말했습니다.

"지난겨울에 박길내(朴吉乃) 등이 병사들을 거느리고 북쪽으로 갔는데, 들리건대 한 부락을 공격하여 몰살시켰고 두 부락을 탈취하였으며 사로잡은 남녀 및 소와 말이 모두 1만여 구(口)로 조만간 군사들을 돌이킬 것이라고 하오."

그리고 요토(要土)의 무리가 서쪽으로 향했다는 말은 전에 들었던 것과 다르지 않았습니다.

한낮이 되어서야 태자하(太子河)에 도착하였지만 강물이 넘쳐흘렀기 때문에, 어응거이(於應巨伊)가 거룻배 3척을 장만하여 예단(禮單)과 공적 짐바리는 먼저 건네게 하고 일행의 관원과 일꾼들은 저물녘에야 건너서 고려촌(高麗村)에 숙박하였는데, 바로 귀영개(貴永介)의 농장이었습니다. 어응거이(於應巨伊)가 그곳에 살던 오랑캐들을 단속하고 신(臣)의 일행을 접대하는 것이 자못 매우 경건하고

로 흘러 들어간다. 柵門에서 瀋陽까지 가는 使行 길에 있다.

조심하였으니, 칸(汗)이 특별히 파견한 뜻은 진실로 이유가 있었습니다. 이 오랑캐는 일찍이 심양(瀋陽)에서 온 사신을 따라 두 번이나 우리나라에 왔다고 하면서 자주 환대받은 은혜를 말하였습니다.

初五日。晴。

平明發行, 飯于安平地[19]松泉寺[20]。漢僧韓道元, 叩首跪拜, 臣許之以坐, 義州軍官崔應天, 能解漢語, 故使之從容談話, 仍聞虜情, 則曰: "去冬, 朴吉乃等, 領兵往北, 聞攻殺一部, 掠取二部, 所獲男女牛馬, 並萬餘口, 近當班師[21]云." 而要土衆, 向西之說, 與前聞無異。午到太子河[22], 江水漲流, 於應胡整理小船三隻, 禮單公卜先渡, 一行員役, 乘暮而渡, 宿於高麗村, 卽貴永介之田庄也。於應胡撿飭居胡, 接臣一行, 頗極敬謹[23], 汗之別遣之意, 良有以也。此胡曾隨瀋信, 再到我國云, 而屢說款接之恩矣。

3월 6일。맑음.

사적 짐바리의 인부와 말들은 날이 저물어서야 모두 건널 수 있

---

19 安平地(안평지): 중국 遼寧省 遼陽市 弓長嶺區 安平縣.
20 松泉寺(송천사): 중국 遼寧省 本溪市에 있는 사찰. 太子河 가에 있으면서 溫泉寺와 강 건너 마주보고 있다.
21 班師(반사): 군사를 돌이킴.
22 太子河(태자하): 중국 遼寧省 중부에 있는 하천. 요녕성 동부에서 발원하여 동쪽에서 서쪽으로 흘러 本溪와 遼陽을 지나 遼河에 합류된다.
23 敬謹(경근): 공경하고 삼감.

었기 때문에 그대로 이 고려촌(高麗村)에 머물렀습니다. 어응거이
(於應巨伊)가 또한 소주 4병과 양 1마리를 상인 등에게 대접하였는
데, 일행의 관원과 일꾼들이 괴이하게 여기며 서로 말했습니다.

"양과 술을 한꺼번에 곁들인 환대는 일찍이 있지 않은 것이다."

신(臣)이 그 이유를 알아내려고 권인록(權仁祿)으로 하여금 거짓
으로 감사하다는 뜻을 보이도록 하였는데, 어응거이가 자못 온화
한 기색을 띠고 기뻐하며 대답했습니다.

"용장(龍將: 용골대)이 칸(汗)께 청하여서 이런 일이 있게 되었소."

용골대가 무슨 간계로 이 같은 짓을 하며 대비하는지 알지 못하
겠습니다.

初六日。晴。

私卜夫馬, 日暮畢渡, 故仍留此村。於應胡又以燒酒四瓶, 羊
一首, 餉賈人等, 員役輩怪而相言曰: "羊酒一款, 曾所未有." 臣
欲知其由, 使仁祿佯示感意, 於應胡, 頗有溫色, 喜而答曰: "龍
將請于汗而有是."云。不識龍胡用何奸計 而有此作備是白齊。

3월 7일。맑음.

아침밥을 먹고 출발하여 난니보(爛泥堡)에서 숙박하였다. 일행의
인부와 말들이 이미 매우 지쳐 짐바리를 운반하기가 어려웠는데,
고려촌(高麗村)에서 오랑캐들이 규례대로 수레들을 끌고 와 공적 짐

바리와 사적 짐바리들을 실어 운반하였습니다. 그러나 돌풍이 크
게 일어 모래와 돌이 얼굴을 때리고 도로가 온통 진흙탕이라 수레
와 말이 제대로 전진할 수가 없었으니, 온종일 간 것이 30리에 불
과하였습니다.

初七日。晴。

早食發行, 宿于爛泥堡²⁴。一行夫馬, 疲困已極, 勢難運卜, 自
高麗村, 胡人等例發車輛, 載運公私卜馱。而狂風大起, 沙石撲
面, 道路泥濘, 車馬並不得前, 終日之行, 不過三十里。

3월 8일. 맑음.

이른 아침에 출발하여 산요보(山枛堡: 山拗堡의 오기)에서 말에게
먹이를 먹였습니다. 마침 포로인 중국인 전가(錢哥) 집에 들어가 역
관 신계암(申繼黯)으로 하여금 조용히 이야기를 나누도록 하였는데,
전가가 눈가에 눈물을 가득 머금고 한숨지으며 길게 탄식하여 칸
(汗)을 원망하는 뜻이 많으니, 신계암도 역시 애처롭게 여겨서 그
실정을 묻자, 전가가 말했습니다.

"나는 조대수(祖大壽) 총병(總兵)의 군사였소. 대릉하(大凌河)에서
패배했을 때 자결하지 못하고 구차하게 지금까지 살아남아 사하벌

---

24 爛泥堡(난니보): 遼東城 인근에 있는 지명. 하루면 닿은 거리에 있다. 진펄로 유명하다.

라(沙河伐羅)에게 예속되었소. 사하벌라는 귀영개(貴永介)의 셋째아들이오."

박길내(朴吉乃)가 군사들을 거느리고 북쪽으로 갔다는 말은 전에 들었던 것과 똑같았는데, 또 전가(錢哥)가 말했습니다.

"요토(要土)는 지난 2월 26일 출병하여 선부(宣府)와 대동(大同)으로 향했는데 선부와 대동의 서쪽 지역부터는 단지 10일 먹을 양식을 싸가지고 갔으며, 병사의 수는 거느린 바의 소장(小將)이 360명이고 한 소장의 군사가 각기 10명이라오."

신(臣)이 또 물었습니다.

"그렇다면 요토가 거느린 병력이 단지 3,600명인데, 과연 선부와 대동으로 출병한 것이라면 어찌하여 이처럼 병력이 적단 말이오?"

전가가 말했습니다.

"나와 동시에 사로잡혀온 자가 1만5천여 명인데, 지난해 선부와 대동의 전투에서 패하여 죽고 살아남은 자가 겨우 5천여 명이었소. 또한 공경(孔耿: 모문룡의 심복 孔有德과 耿仲明)이 거느렸던 병사 가운데 거의 절반이 죽어 군대의 기세가 쇠잔한 것이 지금에 이르러 심하오."

전가의 이 말 역시 믿을 것이 못되지만, 신(臣)은 다만 통원보(通遠堡)에서 이곳에 이르기까지 이미 8일이 지났는데 오는 길이 황량하였고 다니는 사람도 끊기어 드물었으며, 지나온 각 보(堡)는 지키는 오랑캐들이 노약자들 약간명일뿐이었으니 군대가 강하고 약한 것은 또한 상상할 수 있습니다.

저물어서 실리보(實伊堡: 十里堡)에 도착하여 숙박하였습니다.

初八日。晴。

早發, 秣馬山枷²⁵堡。適入攜漢錢哥家, 使譯官申繼黯, 從容
談話, 錢也含淚滿眶, 噫嘘長嘆, 多有怨汗之意, 繼黯亦悽然, 而
問其情, 答曰："我卽祖總兵²⁶之軍也。大凌²⁷之敗, 不能自決, 苟
活至此, 屬於沙河伐羅。沙河伐羅卽貴永介之第三子也。" 朴吉
乃領軍赴北之說, 一如前聞, 又云："要土, 去二月廿六日, 出兵
向宣府·大同, 而自宣大以西, 只裹十日粮而去, 兵數則所領小
將三百六十, 而一將之軍, 各十名也。" 臣又問曰："然則, 要土所
率, 只爲三千六百, 果出宣大, 則何若是兵寡耶？" 錢漢曰："與我
一時被擒而來者一萬五千餘人, 去年宣大之戰, 敗亡而存者僅五
千餘人。且孔耿²⁸所率, 幾半死, 兵勢凋殘, 到今甚矣。" 此漢之

---

25 枷(요)：拗의 오기. 山拗는 通遠堡에서 200여 리에 있는 곳이다

26 祖總兵(조총병)：祖大壽(?~1656)를 가리킴. 명말청초 때 遼東사람이다. 자는 復宇.
   명나라 때 前鋒總兵을 지냈다. 崇禎 연간에 大凌河에서 포위당하자 皇太極(홍타이
   지)과 약속해 錦州에서 귀순하여 내응하기로 했다. 그러나 일이 끝난 뒤 성을 지키면
   서 항복하지 않았다. 崇德 연간에 성이 함락되자 다시 항복하여 漢軍 正黃旗에 예속
   되고, 總兵에 올랐다.

27 大凌(대릉)：大凌河. 중국 遼寧省 서부의 강줄기와 합쳐져 遼東灣으로 흘러드는 강.
   百狼河로도 불렸다.

28 孔耿(공경)：椵島에 진을 친 毛文龍의 심복 부하였던 孔有德과 耿仲明을 가리킴. 모
   문룡이 伏誅된 뒤 登州에 가서 8,9만 명에 이르는 賊薫을 끌어 모으고 오랑캐와 서로
   밀통하면서 沿海지방에서 약탈을 자행하였다.

言, 亦不足信, 臣第自通遠行至此, 已經八日, 一路荒涼, 行旅斷
少, 所經各堡, 守胡老弱若干而已, 兵之强弱, 亦可想矣。暮到
實伊堡[29]止宿。

3월 9일. 맑음.

날이 밝을 무렵 출발하여 사하보(沙河堡)에 있는 중국사람 주장삼
(朱張三)의 집에서 아침밥을 먹었습니다. 이 중국인이 흔연하게 가
까이 맞이한 것이 마치 서로 알고 있었던 것처럼 하였는데, 신(臣)
이 최응천(崔應天)에게 붓과 먹을 주며 오랑캐의 사정을 묻도록 하
니, 그 중국인이 대답했습니다.

"요토(要土)가 지난 2월 병사들을 거느리고 몽골 땅으로 향했는
데, 병사의 수는 팔고산(八高山: 八固山)에서 각기 500명씩 내놓아
모두 4천명이라오."

대부분 길에서 들은 병사의 수와 많고 적음에 차이가 있지만,
대략 만 명도 채 안 되었습니다.

저물녘에 혼우강(混于江)에 도착하자마자, 마부대(馬夫大)가 신
(臣)을 보러 찾아와 신(臣)이 멀리 사행 길을 온 노고를 칸(汗)이 위로
하라 했다 하여, 신(臣)이 그 말을 고맙게 여기는 뜻으로 대답하니,

---

29 實伊堡(실리보): 十里堡. 중국 河北省에 있는 지명.

마부대(馬夫大)가 말했습니다.

"날이 이미 저물었소. 강을 건널 때 물에 빠지는 화가 있을까 염려되니 우선 하룻밤을 머무르면, 해가 밝기 전에 우리들이 마땅히 배들을 마련하여 기다리고 있겠소."

그래서 연대(煙臺)에 숙박하였습니다.

初九日。晴。

平明發行, 飯于沙河堡[30]漢人朱張三家。伊漢欣欣近接, 有若相識者然, 臣使崔應天贈筆柄墨笏, 問虜情, 答曰: "要土去二月, 領兵出蒙古之地, 兵數則八高山各出五百, 共四千也." 大槩路聞之數, 多寡有差, 而槩不滿萬矣。暮到混于江, 馬夫大來見臣, 以汗言慰臣遠役之勞, 臣答以感荷[31]之意, 馬胡曰: "日已暮矣。渡江之際, 恐有涉濡之患, 姑留經夜, 天日未明, 俺當整船等候." 云, 故止宿煙臺。

3월 10일。 맑음.

새벽 강변에 이르자, 마부대가 10척의 배를 대기시켜 놓고서 기다리다 신(臣)의 안부를 물으며 말했습니다.

---

30 沙河堡(사하보): 중국 遼寧省 鞍山市에 있는 성. 遼陽市와 서남쪽 53리 정도에 있다. 명나라가 요동지역의 방어를 취하여 수축한 성이다.
31 感荷(감하): 은혜를 고맙게 여김.

"용장(龍將: 龍骨大)과 만장(滿將: 滿月介)이 이미 연청(宴廳: 연회장)에 도착하였으니, 먼저 예단과 짐바리들을 건네게 하고 사신은 모름지기 원역(員役: 관원과 일꾼)과 뒤이어 들어가는 것이 좋겠소. 그 나머지 인부와 말은 우리들이 응당 보살펴 건너도록 하겠소."

신(臣)이 그의 말대로 배를 타고 건넜는데, 오랑캐 역관 정명수(鄭命壽)와 오랑캐 한 명이 달려와서 용골대(龍骨大)와 만월개(滿月介)의 말을 전하며 신(臣)을 맞이하여 연회장에 도착하였습니다. 용골대·만월개 두 사람과 사로잡힌 중국 장군 3명 그리고 장수 2명이 대문 안에 서 있다가 신(臣)을 맞이해 들어갔는데, 북쪽 자리에 신(臣)을 앉도록 하고 용골대 이하 여러 장수들은 서열대로 차례차례 앉으니, 연회가 베풀어지고 술이 돌았지만 신(臣)이 사양하고 마시지 않자, 용골대가 말했습니다.

"마장(馬將: 마부대)이 돌아와서야 사신의 이번 행차가 있는 것을 알고서 거듭 보게 됨을 생각하고 기뻐해 마지않았는데, 정을 담은 이 술잔을 사양하니 어찌 섭섭한 일이 아니겠소?"

신(臣)이 말했습니다.

"정리에 있지 술에 있지 않소."

두 오랑캐가 미소를 지으며 연회를 파한 뒤에 신(臣)과 함께 말고삐를 나란히 하며 길을 나서 성 밖에 이르자 수행한 상인들을 서관(西館)으로 나눠 보냈습니다. 그리고 남문을 거쳐 들어가 관문(館門) 밖에 이르자, 신(臣)에게 먼저 들어가도록 양보하고 뒤따라

와서 다시 신(臣)의 사행 길의 어려움을 위로하고는 나갔습니다.

얼마 뒤에 다시 들어와 예단(禮單)의 수량을 묻자, 신(臣)이 말했습니다.

"지난해에 비하여 더하지도 덜하지도 않소."

또 물었습니다.

"수량이야 비록 전의 물품과 같을지라도 피륙의 새 수와 품질은 어떠하오?"

신계암(申繼黯)으로 하여금 대답하게 하였습니다.

"호조 낭원(戶曹郎員)과 입회하여 예물을 싸서 봉했으니, 다시 물을 필요가 없소이다."

용골대(龍骨大)가 말했습니다.

"그렇다면 되었소."

또 물었습니다.

"귀국에 무슨 일이 있소?"

신(臣)이 말했습니다.

"아무런 일이 없소."

또 물었습니다.

"도중(島中: 假島)에 무슨 소식이 있었소?"

말했습니다.

"무릇 다른 변방에 와 있어 미처 보지도 듣지도 못하였고, 하물며 내가 올 때에 바다의 얼음이 아직 녹지 않아 뱃길이 통하지 않았는데, 어떻게 들을 수 있겠소?"

두 오랑캐가 알았다면서 갔습니다.

날이 저물자, 용골대(龍骨大)와 만월개(滿月介) 그리고 마부대(馬夫大), 중국 장수 반지우(班志友) 등이 함께 와서 칸(汗)의 말이라며 먼저 물었습니다.

"국왕의 기체는 어떠하오?"

신(臣)이 대답했습니다.

"옥체(玉體) 평안하시오."

또 물었습니다.

"사신이 마침 길에서 어려움을 만나 많은 날이 되도록 노고를 겪다가 다행스럽게도 평온히 도착하였으니, 기쁘고 위안이 되지 않겠소?"

신(臣)이 말했습니다.

"어명을 받들어 왔는데 어찌 감히 노고라 일컫겠소? 여러 차례 문안을 물어주니 감격해 마지않소."

용골대가 국서(國書) 보기를 요구하여 신(臣)이 말했습니다.

"내가 마땅히 칸(汗)에게 직접 전하기 전에 미리 내어주는 것은 불가하오."

용골대가 말했습니다.

"전부터 미리 본 사례가 있거늘, 어찌하여 이와 같이 고집한단 말이오?"

　　신(臣)이 국서를 옮겨 베껴서 주고는 신은 들어왔습니다. 이때 이미 사로잡혀와 있던 정주(定州)의 기녀 영진(永眞)과 가산(嘉山)의 기녀 영옥(永玉)·추향(秋香) 및 철산(鐵山)과 의주(義州)의 남녀 등 10여 명이 길가에 줄지어 서 있다가 목 놓아 울며 그치지 않으니 참혹하기가 차마 볼 수 없었습니다. 신(臣)이 일찍이 혼우강(混于江) 가에서 듣자니 갑옷으로 무장하고서 무리를 지어 말을 타고 달리는 자들이 없는 날이 없다고 하였는데, 오늘에 이르기까지 갑병(甲兵) 한 명도 보지 못했사옵니다.

　　初十日。晴。

　　馬胡[32]曉到江邊, 艤待十船, 問臣安否, 且曰: "龍將與滿將, 已到宴廳, 先渡禮單卜馱, 使臣須與員役, 繼入可也。其餘夫馬, 俺當看護以渡。" 臣乘船而渡, 通使[33]鄭命壽[34]與一胡人馳來, 以龍骨大·滿月介[35]之言邀臣, 　到宴廳。龍滿兩胡及擄漢將三人·將校二人, 立於大門之內, 迎臣而入, 讓臣北壁[36], 龍胡以下諸將, 序

32　馬胡(마호): 어순의 착오가 있는 듯. 馬胡艤待十船이라야 한다.

33　通使(통사): 通事. 통역관. 역관.

34　鄭命壽(정명수, ?~1653): 병자호란 당시 청나라에 조선의 사정을 밀고한 모반인. 평안도 殷山 출신이다. 할아버지는 鄭之謙이고 아버지는 鄭阮이다. 賤隷 출신으로 성품이 교활하였다.

35　滿月介(만월개): 海西女眞 하다부 사람 雅虎(yahū)의 아들로 아버지를 따라 누르하치에게 귀부한 滿達爾漢(mandarhan)의 한자 이름. 홍타이지를 따라 동해여진 정벌에 종군하기도 하였다. 조선 출신의 역관 董納密(dungnami, 朴仲男)과 함께 여러 차례 조선을 방문하여 교섭을 진행하였다.

36　北壁(북벽): 會坐할 때 좌석의 북쪽에 있는 자리. 좌중에서 품계가 가장 높은 벼슬아

次而坐, 設宴行酒, 臣固辭不飮, 龍胡曰: "馬將之還, 聞使臣有此
行, 意謂重見, 不勝怀欣, 辭此情盃, 寧無憾焉?" 臣曰: "在情不在
酒也." 兩胡微哂而罷, 與臣共轡行到城外, 隨行商賈, 分送西
館. 由南門而入, 至館門外, 讓臣先入, 隨後而來, 更慰臣行路之
艱卽出. 俄而更來, 問禮單數目, 臣曰: "比去年無增減." 又問:
"數雖同前物色[37], 升品[38]如何?" 使申繼黯答曰: "與戶曹郎員按
同[39]封裹[40], 不須更問." 龍胡曰: "然則好矣." 又問: "貴國有何
事?" 臣曰: "無事." 又問: "島中有何奇?" 曰: "凡在他境, 未得見
聞, 況俺之來時, 海氷未解, 木道[41]不通, 緣何得聞?" 兩胡唯唯而
去. 日暮, 龍骨大與滿月介·馬夫大及漢將班志友等共來, 以汗
言先問: "國王氣體[42]若何?" 臣答曰: "玉體平安." 又問: "使臣適値
道路之艱, 以致多日之勞, 何幸穩到, 不覺欣慰?" 臣曰: "奉命而
來, 何敢言勞? 屢承致問, 不勝感激." 龍胡要見國書, 臣曰: "俺當
親傳汗前, 不可先出." 龍胡曰: "自前有先見之例, 何乃堅執如
是?" 臣謄草以給, 臣入. 此時, 所攜人定州妓永眞·嘉山妓永玉

치가 앉는다.

37 物色(물색): 물품.

38 升品(승품): 피륙의 새 수와 품질. 升은 우리말로 '새'라 하며 피륙의 날을 세는 단위
    이다.

39 按同(안동): 眼同의 오기. 한 가지 사항에 함께 입회하여 처리하는 것.

40 封裹(봉과): 물건을 싸서 봉하는 것. 즉 싸서 봉하여 보내는 예물을 말한다.

41 木道(목도): 海路. 뱃길.

42 氣體(기체): 氣體候. 어른에게 문안할 때 기력과 체력을 높이어 이르는 말.

·秋香及鐵山義州男女等十餘人, 列立路左, 號哭不已, 慘不忍見。臣曾聞混于江畔, 帶甲成羣馳騁者, 無日無之云, 及到未見一甲是白齊。

3월 11일。 맑음.

이른 아침에 신계암(申繼黯)이 와서 고하였습니다.

"오랑캐 역관 정명수(鄭命壽)가 관문(館門) 밖에 와 칸(汗)의 말을 전하는데, '동관(東館)과 서관(西館)에 음식과 소를 날마다 지급하되 각기 2마리씩 지급하라.'고 하였다면서 소 2마리를 몰고 왔으니, 어떻게 해야겠습니까?"

신(臣)이 말했습니다.

"이에 대해서 이전의 규례(規例: 정하여진 관례)가 있는가?"

신계암이 말했습니다.

"온전한 소 1마리를 보내왔던 사례는 없었습니다."

신(臣)이 말했습니다.

"그렇다면 결단코 받을 수 없다."

가축을 책임진 오랑캐[司畜胡]가 고하였습니다.

"이것은 음식과 소인데, 하필이면 딱 잘라 거절하는 것이 이와 같으신 것입니까?"

신(臣)이 말했습니다.

"잡아서 보내는 음식이라면 괜찮으나, 온전한 소를 어찌하여 보낸단 말인가?"

그 오랑캐들이 말했습니다.

"받아들이기를 거절하는 것이 매우 확고하니 마땅히 칸(汗)에게 보고하리다."

이렇게 말하고는 가버렸습니다. 조금 있다가 용골대(龍骨大)와 마부대(馬夫大) 두 사람과 가축을 책임진 오랑캐들이 와서 칸(汗)의 말을 전했습니다.

"이 소 2마리 가운데, 한 마리는 국왕의 원정(遠情)에 감사하는 것이고 다른 한 마리는 사신의 행로 고달픔을 위로하는 것이니, 굳이 물리치는 것은 옳지 않다."

용골대가 또한 말했습니다.

"이전의 관례가 없었다고 운위하는 것은 사신이 기사년(1629) 춘신사(春信使)의 사행을 살피지 않은 것이니, 이미 이와 같은 관례가 있었음은 권인록(權仁祿)이 상세히 알 것이오."

더구나 소를 내버려두고 가버리니, 역관들이 서로 말했습니다.

"지난날에는 하루에 바쳤던 생육이 160근이나 되었지만, 이 소는 몹시 여위어서 잡으면 필시 능히 그 근수에 채울 수 없을 것이기 때문에 이 계책을 쓴 것이라고 하였습니다."

오후가 되자 용골대(龍骨大)와 만월개(滿月介)가 와서 말했습니다.

"내일 칸(汗)께서 사신을 접견하면서 마땅히 예단(禮單)을 받으실 것이오."

또 말했습니다.

"사신은 천리 길을 산을 넘고 물을 건넜으니 사리(事理)로 마땅히 수십 일을 쉬게 해야 하나, 우리나라에 일이 많아 귀빈을 오랫동안 머무르게 할 겨를이 없어서 내일 예단을 받고 비로소 물품을 셈할 것이오."

신이 말했습니다.

"무슨 많은 일이 있다는 것이오?"

말했습니다.

"방금 포획한 심처(深處)의 북호(北胡)가 1만여 명이고 장정(壯丁)이 5천 명이며, 또 대원달자(大元㺚子) 중에는 투항하고서 미처 오지 못한 자가 매우 많기 때문에 한 무리의 병사[一枝兵]를 정돈해 보낸 지가 이미 10일이 지났는데, 두 곳의 사람들은 마땅히 초여름에 도착할 것이니 맞이해 구제할 일 등이 절로 많아서 쉴 틈이 없소."

이른바 일지병(一枝兵)이라는 것은 곧 요토(要土)의 군사를 일컫는 것입니다. 신(臣)이 길에서 듣건대 이 군대의 병력은 이미 만 명을 차지 않는다고 하였으니, 선부(宣府)와 대동(大同)을 갔다는 말은 믿을 만한 것이 못된다고 생각했었사옵니다. 이 말을 듣게 되니 서달(西㺚)이 출병한 것은 옳은 것 같고, 또 중국사람 전가(錢哥)가 말한 선부(宣府)와 대동(大同) 이서(以西)에서 10일 먹을 양식을 싸가지고 갔다는 것과도 부합하였사옵니다.

十一日。晴。

早朝, 申繼黯來告曰:"胡通使鄭命壽到館門外, 以汗言傳, 言曰:'東西館, 饌牛逐日, 各給二匹.'云, 二牛牽到, 何以爲之? 臣曰:"此乃前規否?"繼黯曰:"曾無全牛來送之規."臣曰:"然則, 決不可受."司畜胡告曰:"此是饌牛, 何必牢拒[43]若是乎?"臣曰:"屠而餽向[44]可也, 何用全牛?"伊胡等曰:"拒受甚確, 當報于汗."云而去。俄而, 龍馬兩胡與畜胡人等來, 傳汗言曰:"此兩牛, 一謝國王遠情[45], 一慰介臣之行役, 不可堅拒."龍胡且曰:"曾無前規云者, 使臣之所不察已已春信之行, 已有此規, 仁祿詳知之."乃棄牛而去, 譯官等相語曰:"前者一日所納生肉爲一百六十斤, 而此牛甚瘦, 屠之則必不能充其斤數, 故用此計云."午後, 龍胡與滿胡來言:"明日, 汗接見使臣, 當受禮單."又曰:"使臣跋涉[46]千里, 事當休息數旬, 而我國多事, 不遑久留尊賓, 明日受禮單, 始算貨物."臣曰:"有何多事?"曰:"方今所獲深處北胡萬餘口, 而丁壯五十[47], 且大元獼子, 降附未及來者甚衆, 故整送一枝兵馬, 已經旬日, 兩處人當於初夏來到, 接濟等事, 自多無暇日."

---

43 牢拒(뇌거): 굳이 거절함. 딱 잘라 거절함.

44 向(향): 餉.

45 遠情(원정): 멀리 있는 것을 그리는 마음.

46 跋涉(발섭): 산을 넘고 물을 건너 먼 길을 수고하며 돌아다니는 것을 말함.

47 五十(오십): 뒷부분에서는 五千으로 되어 있고, 《硏經齋全集》 外集 권40 〈瀋行記程〉에도 五千으로 되어 있음.

云。所謂一枝兵, 卽要土之謂也。臣路聞此兵之數, 旣不滿萬
云, 意謂向去宣大之說, 不可信也。及聞此言, 爲西㺚出兵, 似
的矣, 且符合錢漢所言宣大以西十日裹糧之說是白齊。

3월 12일. 흐림.

이른 아침부터 팔문루(八門樓) 위에 황기(黃旗)가 매달렸는데, 이
윽고 정명수(鄭命壽)가 와서 말했습니다.

"칸(汗)이 정당(正堂)에서 사신을 접견하려 하니, 응당 먼저 예단
(禮單)을 보내어 배설하라고 하시었소."

신(臣)이 여진족의 말을 익힌 김후각(金後覺)으로 하여금 예단을
가지고 가서 정당 앞에 배설하게 하였는데, 용골대(龍骨大)가 정명수
를 보내어 신계암(申繼黯)을 불러 예단을 점검토록 하더니 색이 추하
고 품질이 거칠다며 구실을 잡아 공갈하기를 그치지 않았습니다.

신계암이 충분히 많은 말을 하여 말을 마친 뒤에 만월개(滿月介)
·마부대(馬夫大)·반지우(班志友) 등 여러 장수 5명이 김돌시(金乭屎)
·정명수(鄭命壽) 등과 함께 와서 말했습니다.

"칸(汗)께서 이미 정당에 나가셨소."

신(臣)이 원역(員役: 관원과 일꾼)들을 인솔하여 문 밖에 이르러 말
에서 내리자, 만월개(滿月介)가 신(臣)을 뜰 가운데 절하는 자리로
인도하였습니다. 신(臣)이 국서(國書)를 받들어 올리고 서있자, 장서

(掌書) 오랑캐가 받아 칸(汗)에게 전했습니다. 신(臣)이 절하여 예를 표하는 것을 마치자, 만월개가 신(臣)을 인도해 서쪽의 팔고산(八高山: 八固山) 위에 앉도록 하였습니다. 먼저 다례(茶禮)를 행하고 이어서 한 잔의 낙주(駱酒)를 마시는 것도 한결같이 전례에 따랐습니다.

신(臣)이 쭉 보자니, 칸(汗)은 황금색 옷을 입고서 북쪽에 있는 황금색의 용을 새긴 의자에 앉았고, 여러 왕자와 팔고산 및 여러 장수 20여 명이 줄지어서 동쪽과 서쪽에 앉았는데, 누런 장막[黃幕]으로 그 앞면의 처마를 가리고 좌우에 누런 덮개[黃盖]를 단단히 하였습니다. 또 뜰의 동쪽과 서쪽에 푸른 장막을 8곳에 설치하였으니, 곧 팔고산을 위해서 각각 만든 것입니다. 그 아래에는 모시고 앉은 오랑캐들이 거의 수백 명이었으며, 또한 좌우의 장막에는 군뢰(軍牢: 죄인을 다루던 병졸)와 취타수 등 각기 10여 명이 줄지어 서서 신(臣)이 들고날 때마다 나팔을 불고 북을 쳤습니다.

칸(汗)이 용골대(龍骨大)를 불러 신(臣)에게 말을 전하였습니다.

"국왕의 기체는 어떠한가?"

신(臣)이 대답했습니다.

"임금님께서 평안하십니다."

또 말했습니다.

"사신이 산을 넘고 물을 건너는 험한 길에 상했다고 하여 염려되었는데 이곳에 들어온 이후로는 기력이 어떠한가?"

신(臣)이 대답했습니다.

"은근하게 위로를 베풀어주는 것이 두세 차례나 되니 후의에 더욱 감사드립니다."

칸(汗)이 또 만월개(滿月介)를 불러 말했습니다.

"사신을 청하여 예부(禮部)에서 연회를 베풀어라."

만월개가 신(臣)을 인도하여 나가 예부로 가서 자리에 앉았는데, 용골대(龍骨大)·반지우(班志友)·마부대(馬夫大)·이승좌(李承佐) 등이 와서 말했습니다.

"칸(汗)께서 사신을 위하여 따로 우리들을 보내셨으니, 극진히 권하여 모두 취하십시다."

용골대가 맨 윗자리를 차지하고, 만월개가 그 다음 자리에 앉고 반지우·마부대·이승좌 세 사람은 비늘이 잇닿은 것처럼 차례로 앉았는데, 반지우와 이승좌 두 사람은 모두 중국 사람으로서 칸(汗)의 측근이 된 자들이었습니다. 잔치를 베풀고 술이 오갔지만, 신(臣)이 고사하고 마시지 않자 반지우와 이승좌가 말했습니다.

"우리들은 직책이 예부에 있지 않아 이러한 잔치에 참여한 적이 없었는데, 오늘 특명을 받들었으니 전례에 따르는 정도에 그쳐서는 아니 될 것이라 서로 권하며 함께 어울립시다."

그리고는 술잔을 들어 권하여 신(臣)이 다섯 잔이나 마시고 파하였습니다. 일행의 역관들이 말했습니다.

"칸(汗)이 앉은 정당을 호위하는 관원 및 도로의 촌락에 왕래하는 오랑캐들이 이전에 비하여 매우 쇠잔하나, 사신을 접대하는 음식은

융숭하기가 이전보다 갑절입니다."

오후에 용골대(龍骨大)와 마부대(馬夫大) 두 사람이 15명의 오랑캐를 거느리고 와서 물품들을 의논하여 정하였습니다.

十二日。陰。

早朝, 八門樓上懸黃旗, 有頃, 鄭命壽來言: "汗欲於正堂, 接見使臣, 當先送禮單排設云." 臣使女眞學金後覺領送禮單, 排說正堂之前, 龍胡送鄭命壽, 招申繼黯點檢禮單, 托以色惡品麤, 恐喝不已。繼黯十分周遮[48], 畢說之後, 滿月介·馬夫大·班志友諸將五人, 與金乭屎[49]·鄭命壽等來言: "汗已出堂." 臣率帶員役, 至門外下馬, 滿胡引臣中庭拜席。臣進奉國書而立, 掌書胡傳致[50]汗前。臣行拜禮訖, 滿胡引臣坐西壁八高山之上。先行茶禮, 繼以一鍾駱酒, 一依前例。臣縱見汗着黃衣, 坐黃龍交椅於北壁, 諸王子·八高山及諸將二十餘人, 列坐東西壁, 以黃幕補其面檐, 堅黃盖于左右。又於東西庭, 設靑帳幕八處, 此則八高山之各設也。其下侍坐胡, 僅數百餘人, 且左右帳幕, 軍牢[51]·吹手[52]等, 各十餘人列立, 臣之出入, 使吹打。汗招龍骨大傳言于

---

48 周遮(주차): 말이 많은 것.

49 金乭屎(김돌시): 鄭命壽와 함께 포로가 되어 청나라에 끌려갔던 자. 정명수와 함께 온갖 해로운 짓을 하면서 부귀영화를 누렸다.

50 傳致(전치): 다른 사람을 통해 편지를 보냄.

51 軍牢(군뢰): 군대 안에서 죄인을 다루던 병졸.

52 吹手(취수): 吹打手의 준말. 군대에서 나팔, 소라, 패각 등을 불고 북, 바라 등을 치던 병사.

臣曰: "國王氣體, 若何?" 臣答曰: "聖候[53]平安." 又曰: "使臣跋涉險路, 恐慮致傷, 入此以後, 氣力如何?" 臣答曰: "慇懃致慰, 至於再三, 尤感盛意." 又招滿月介曰: "請使臣宴於禮部." 滿胡引臣出就禮部, 坐定, 龍胡·班志友·馬夫大·李承佐等來言曰: "汗爲使臣, 別遣俺等, 極勸盡醉矣." 龍胡居首, 滿胡次之, 班馬李三人, 鱗次而坐, 班李兩人, 皆漢人而親近汗前者也. 設宴行酒, 臣固辭不飮, 班李等曰: "俺等職非禮部, 曾未參此宴, 今承特命, 不可循例[54], 相勸同進." 擧觴勸, 臣五酌而罷. 一行譯官等曰: "汗坐堂衛護之官及道路村落往來之胡, 比前十分凋殘, 而接使供需[55]之豐厚倍前."云. 午後, 龍馬兩人, 率諸胡十五名而來, 講定[56]物貨.

3월 13일. 흐림.

용골대(龍骨大)와 마부대(馬夫大) 두 사람이 신의 안부를 물었습니다.

十三日。陰。

龍馬兩人問臣安否。

---

53 聖候(성후): 임금 신체의 안위.
54 循例(순례): 慣例에 따름.
55 供需(공수): 손님에게 접대하는 음식.
56 講定(강정): 의논하여 결정함.

3월 14일。 흐림.

이른 아침 팔문루(八門樓) 위에 모두 황기(黃旗)가 매달렸는데, 다소 늦게 칸(汗)이 약간의 군마를 이끌고 북문(北門)을 통해 나갔습니다. 문지기 오랑캐에게 물으니, 대답했습니다.

"수렵하려고 나가셨소."

돌아오는 시기를 물으니, 말했습니다.

"가신 곳이 멀지 않아 며칠 안에 돌아오실 것이오."

十四日。陰。

早朝，八門樓上盡懸黃旗，差晚，汗率若干軍馬，田北門出去。問其守門胡，答曰:"以畋獵[57]事出矣."問還期，曰:"所去不遠，數日當還."

3월 15일。

마부대(馬夫大)가 관문(館門) 밖에 와서 신(臣)의 안부를 물었습니다.

十五日。

馬胡到館門外，問臣安否。

---

57 畋獵(전렵): 수렵행위. 짐승을 사냥하는 것이다.

3월 17일。 맑음.

이른 아침 용골대(龍骨大)와 마부대 두 사람이 객관(客館)에 와서 말했습니다.

"일이 많은 연유로 어제 안부 인사를 하지 못해 마음이 매우 편치 못하오."

날이 저물자 팔문루(八門樓) 위에 황기(黃旗)가 매달렸는데, 칸(汗)이 수렵을 마치고 돌아왔습니다.

十七日。 晴。

早朝, 龍馬兩人, 到館曰:"緣於事多, 昨闕問候, 心甚不安." 日暮, 八門樓上懸黃旗, 汗罷畋還。

3월 18일。 맑음.

용골대(龍骨大)와 마부대(馬夫大) 두 사람이 신(臣)을 보러 와서 안부를 서로 물은 뒤, 신(臣)이 말했습니다.

"그대들이 우리나라를 왕래하면서 물품의 값을 자세히 알지 못하는 것이 없을지니, 모단(冒段)과 팽단(彭段)은 2냥으로 교환할 수 있음은 바로 관례화된 규칙이었소. 지난날 마장(馬將: 마부대)이 가서 관향관(管餉官: 군량 관리 무관) 김경길(金敬吉)과 함께 물건 값을 계산하여 교환할 때에 가격 인하를 강제로 명하여 더러 1냥 35전(錢)에 교환하기도 했소. 또한 해마다 삼화(蔘貨: 교역의 대가로 치르는 인삼)가 많아야 800여 근에 불과했는데도 마장(馬將)이 가지고 간 인삼이 1천 800여 근에 이르러 이전에 비해 1천 80여 근이 많았는데 뒤에도 만일 이와 같으면 우리나라 물력으로는 결단코 지탱하기가 어려울 것이니, 단가는 2냥 아래로 내려가지 않도록 하고 삼화(蔘貨)는 800근이 넘지 않도록 하면 양쪽이 모두 편리할 것으로 생각하오."

용골대가 말했습니다.

"모단과 팽단의 가격은 그 품질의 좋고 나쁨에 따르니, 어찌 강제로 내리게 할 도리가 있겠소? 삼화(蔘貨)는 보관한 것이 많으면 많은 대로 적으면 적은 대로 그 많고 적음에 따라 취하는 것이므로 더러 800근이 넘치든 더러 차지 못하든 이 수를 어떻게 정할 법식이 있어서 반드시 800근만을 관례로 삼겠소? 800근 넘지 말아야한다는 말은 매우 타당하지 않소."

신(臣)이 말했습니다.

"관향관(管餉官)이 응대해야 할 물품들은 모두 토산품이 아니라서 사들여 놓아야 할 때 1단의 값이 적어도 4, 5냥 밑돌지 않는데도, 그대들은 이와 같이 강제로 내리면 그것이 매우 작을지라도 형세가 매우 어려워질 것이오. 나의 말이 실로 당연하여 어찌 타당하지 않다고 말하겠소? 또한 마장(馬將: 마부대)이 돌아왔는데 아직도 인삼 값을 찾아주지 않은 것이 있고 뒷날에 가서 만약 또 이와 같다면, 요구에 응대할 길이 절대로 없으리니 그대들은 그 수를 많이 줄이지 않을 수 없을 것이오."

용골대(龍骨大)가 말했습니다.

"이것은 물건과 이익 사이에서 그렇게 하는 것으로 일정한 법식을 만들 수가 없소."

신(臣)이 말했습니다.

"그대의 말은 옳지 않소. 비록 자질구레하고 대수롭지 않은 일일지라도, 먼저 정해진 수량이 있은 연후에야 일처리가 사리에 맞고 순순해질 것이오. 하물며 단가의 높고 낮음과 삼화(蔘貨)의 많고 적음이 자질구레하고 대수롭지 않은 것인데, 만약 임의대로 하도록 하면 어떻게 요구에 응할 수가 있겠소?"

마부대(馬夫大)가 말했습니다.

"모단(冒段)과 팽단(彭段)은 명목으로야 비록 단(段)이지만 품질이 현저히 달라서 더러 3, 4냥 값나가는 것도 있고 더러 1, 2냥 값나가는 것도 있기 때문에 우리는 한결같이 그 품질에 따라 값을 정하였으니, 강제로 값을 내렸다고 하는 말은 매우 옳지 않소. 우리들이 귀국을 오간 지가 10년이 되어 가나 처음부터 지금까지 삼화(蔘貨)를 가져온 것이 더러 40여 근일 때도 있었고 더러 800여 근일 때도 있었으니 원래 정해진 법식이 없었던 것인데, 이전의 관례를 살피지 않고 갑자기 정해진 법식을 꺼내는 말은 또한 옳지 않소."

신(臣)이 말했습니다.

"허다한 삼화(蔘貨)와 계산하여 지급한 모단(冒段)과 팽단(彭段)이 모두 하품(下品)이란 말인 것이오? 그 가운데 상품도 없지 않았을 것인데도 모두 하품으로 계산하였으니, 그릇되게 저지른 실수는 누구에게 있는 것이오?"

마부대(馬夫大)가 머뭇거리면서 입만 벌렸다 오므렸다 하며 말을 하지 못하자, 용골대(龍骨大)가 말했습니다.

"우리나라에는 팔영(八營)이, 귀국에는 팔도(八道)가 있으니, 도(道) 하나의 물품을 영(營) 하나의 물품으로 상응하게 하면 일이 편리할 것이오."

신(臣)이 말했습니다.

"금국(金國)의 팔영(八營)은 하나의 성 안에 있어서 매사에 명령을 내려도 쉽게 행해질 수 있을 것이지만, 우리나라의 팔도(八道)는 경성(京城)에서 서로의 거리가 매우 머니 어느 겨를에 먼 곳의 물품을 모아 요구에 응대할 수 있겠소? 응대에 편리함은 단가를 내리지 않거나 삼화(蔘貨)의 수를 감하는 것이 나을 것이오."

용골대(龍骨大)가 말했습니다.

"사신이 굳은 고집을 풀지 않으면 말해봤자 소용없으니 다시 대답하지 않겠소."

신(臣)과 세 사람이 반나절 동안 힘써 다투었지만 끝내 들어주지 않아 통탄스러웠습니다. 신(臣)이 대개 이 오랑캐들과 상인들이 물품들을 교환하면서 하는 말과 얼굴빛을 듣고 보건대, 그들이 비축해둔 은(銀)이 떨어져 가면 여염집에서 거두어 모으고 오직 많이 쌓아둔 것은 북삼(北蔘: 함경도의 삼)이라고 하였습니다. 이 삼(蔘)은 비록 많을지라도 달리 바꾸어 쓸 곳이 없기 때문에 삼화(蔘貨)의 수를 감하자는 말을 극구 거절하고 들으려 하지 않습니다. 또한 이전에는 여인이 객관(客館) 안으로 들어올 수가 없었다고 하였습니다. 그러나 지금은 은(銀)을 운반하는 자가 여인이 대부분으로 아마도 개인의 은을 거두어 모았다는 것을 알 수 있었으며, 남자는 드물었습니다. 용골대가 말했습니다.

"우리나라의 높은 벼슬아치[大官]가 회령(會寧)에 갔는데, 사신은 알고 있소?"

신(臣)이 말했습니다.

"알지 못하오. 무엇 때문에 간 것이오?"

대답했습니다.

"개시(開市)하는 일 때문이오."

신(臣)이 말했습니다.

"파견한 관원의 작폐가 매우 심하기 때문에 개시는 비록 문을 닫을 수 없을지라도 파견 관원을 보내지 말라는 뜻을 국서(國書) 안에 상세히 언급하였소. 곧 마장(馬將: 마부대)이 또한 상세히 알고 와서 단지 두 나라 백성들이 사사로이 서로 화매(和買: 쌍방 합의하의 매매)를 하게 하였으니 정말로 이익만 있고 폐단이 없었소. 또 인삼을 몰래 캐는 것을 금하는 법이 지극히 엄중하였는데도 간혹 이익을 탐하는 자들은 불법을 저질렀다가 발각되어 국경에서 효수되었고, 변방의 장수와 변방의 수령들도 역시 엄중한 형벌을 받았소.
일찍이 듣자니 종성(鍾城) 사람이 붙잡혀서 이곳에 왔다고 하던데
그러한 것이오?"

용골대(龍骨大)가 말했습니다.

"그러하오."

신(臣)이 말했습니다.

"큰 죄가 있는 사람이 이곳에 투항하여 살아 있다니, 그들의 입
장에서는 다행스러움이야 비록 클지라도 국법상으로는 참으로 이
와 같이 해서는 아니 될 것이오. 그 사람들을 내가 마땅히 압송해
가서 사형에 처하는 형벌을 받게 하여 다른 사람을 경계하는 것이
또한 통쾌하지 않겠소?"

용골대가 말했습니다.

"이런 일은 우리들이 마음대로 처리할 일이 아니니 마땅히 칸(汗)
께 고해야 하는 것이오."

이렇게 말하고는 가버렸습니다.

十八日。晴。

龍馬兩人見臣, 寒暄[58], 臣曰: "爾等來往我國, 物貨之直無不
詳知, 冒段[59]·彭段[60]則換之以二兩, 乃是例規。前日馬將之去,

---

58 寒暄(한훤): 寒暄問. 일기의 춥고 더움을 묻는 인사. 곧 서로의 안부를 물을 때 쓴다.
59 冒段(모단): 冒緞. 무늬가 없는 명주.
60 彭段(팽단): 彭緞. 비단의 한 가지.

與管餉官[61]金敬吉, 計換貨物之時, 勒令降價, 或一兩三五錢.
且年年蔘貨[62], 多不過八百餘斤, 而馬將持去人蔘至於一千八百
餘斤, 比前之多一千八十餘斤, 後若如此, 則以我國物力決難支
當, 段價則不下於二兩, 蔘貨則无過於八百斤, 以爲兩便之地."
龍胡曰: "冒段·彭段之價, 則從其品之善惡, 豈有勒降之理? 蔘
貨則所儲多則多少則少, 隨其多寡而取, 故或過八百斤, 或未滿,
此數豈有定式, 而必以八百斤爲例乎? 无過八百之說, 極未妥
當." 臣曰: "管餉酬應[63]物貨皆非土産, 貿置[64]之際, 一段之直,
小[65]不下四五兩, 而你等之勒降若此, 其甚小, 勢甚極難. 俺之
言固當, 何言未妥? 且馬將之還, 尚有蔘價未推給[66]者, 他日之
去, 若又如此, 萬無酬應之路, 你等不可不多減其數." 龍胡曰:
"此則貨利間所爲, 不可定式." 臣曰: "爾言非矣. 雖細微之事[67],
有定數然後事乃順便. 況段價之高下, 蔘貨之多寡, 非細事, 若
任意爲之, 何可酬應乎?" 馬胡曰: "冒段·彭段, 名雖爲段, 品色
懸殊, 或有三四兩直者, 或有一二兩直者, 故俺一從其品而定價,

---

61 管餉官(관향관): 군량을 확보하여 관리하는 무관.

62 蔘貨(삼화): 상품으로 판매하는 인삼. 주로 중국과의 교역에 대가로 치르는 인삼을
   말한다.

63 酬應(수응): 응대함.

64 貿置(무치): 물건을 사 들여 놓음.

65 小(소): 少의 오기.

66 推給(추급): 빚이나 미납한 세금을 받아내서 줌.

67 細微之事(세미지사): 자질구레하고 대수롭지 않은 일.

則勒降之說, 甚非矣。俺等來往貴國將至十年, 自初至今, 蔘貨
所取者, 或有四十餘斤, 或有八百餘斤, 原無定式, 不考前規, 忽
出定式之說, 亦非矣。" 臣曰: "許多蔘貨, 計給冒段·彭段, 盡是
下品耶? 其間不無上品, 而都計以下品, 所失在誰?" 馬胡囁嚅[68]
未發, 而龍胡曰: "我國有八營, 貴國有八道, 以一道之貨, 應一
營之貨, 事可便。" 臣曰: "金國八營, 在於一城之內, 隨事施令,
可以易行, 我國八道, 自京都相去甚遠, 何暇聚遠而酬應乎? 酬
應之便, 莫如段價之不降, 蔘貨之減數。" 龍胡曰: "使臣堅執不
解, 言之無益, 更不答。" 臣與三人, 半日力爭, 終不聽許, 可痛。
大槩, 臣聞見此胡等與商賈換貨言色, 則其所儲銀垂乏而收聚於
閭家, 惟多峙者北蔘[69]云。此蔘雖多, 他無換用之處, 故蔘貨減
數, 牢拒不聽矣。且曾前女人不得入館中云矣。今之運銀, 女人
居半, 可知其收聚私銀與, 男丁之鮮少矣。龍胡曰: "我國大官往
會寧[70], 使臣其知之乎?" 臣曰: "不知耳。緣何而去?" 答曰: "爲
開市[71]事也。" 臣曰: "差官之弊甚多, 開市雖不得罷, 而差官則勿
送之意, 詳及於國書之中。而馬將亦備知以來, 只使兩民私相和
買[72], 則有益而無弊矣。且潛採[73]禁法, 至重且嚴, 間有貪利者,

---

68 囁嚅(섭유): 머뭇거리면서 말을 하지 못하고 입만 벌렸다 오므렸다 함.

69 北蔘(북삼): 함경도에서 나는 삼.

70 會寧(회령): 함경북도에 있는 지명.

71 開市(개시): 시장을 열어 물건을 사고팔기 시작함. 조선 시대 다른 나라와 교역을
   하기 위하여 연 시장이다. 北關開市·倭關開市·中江開市 등이 있었다.

冒犯見捉, 梟示境上, 邊將邊倅, 亦坐重律. 曾聞鍾城[74]人, 被捉
而來此云, 其然耶?"龍胡曰: "然矣." 臣曰: "大罪之人, 投此生
存, 其在渠輩, 幸雖大矣, 其於國法, 固不當如是. 此人等, 俺當
押去, 俾得正刑[75], 以警他人, 不亦快乎?"龍胡曰: "此等事非俺
等所可自擅, 當告汗前."云而去.

3월 19일. 맑음.

식사 후에 만월개(滿月介)가 칸(汗)의 말을 전하러 와서 말했습니다.
"사신이 이곳 객관에 머문 지가 여러 날이 되어 필시 무료하리라
생각되니 남문루(南門樓)에 올라가 유람함이 좋겠소."

신(臣)이 높은 곳에 올라가서 지형을 살펴보려고 마음먹었기 때
문에 바로 원역(員役: 관원과 일꾼)들을 거느려서 만월개(滿月介)와 함
께 모두 남문루에 올랐습니다. 삼층각(三層閣) 위에서 평원이 광활
하여 한없이 보아도 끝이 없었으며, 성의 안팎을 굽어보니 본성(本
城)의 둘레가 겨우 10리이고 성안에는 인가가 비록 많았지만 여러
왕자 및 각 관아의 공관들을 제외하면 민가가 1천 호가 차지 못했으

---

72 和買(화매): 쌍방 합의하의 매매하는 것.
73 潛採(잠채): 광물을 몰래 채굴하거나 채취함.
74 鍾城(종성): 함경북도 종성군 일대로 만주의 間島와 맞닿아 있는 국경 도시.
75 正刑(정형): 죄인을 사형에 처하는 큰 형벌.

며, 성 밖에는 사방의 인가가 거의 1만여 호에 이르렀지만 사람과
물류가 드물어 자못 분위기가 쓸쓸함이 많았습니다. 얼마 안 되어
서 요리사[膳夫] 소질개(所叱介) 등 5명이 먼저 잔칫상을 차리고 신
(臣)을 대접하기 위해 술자리를 베풀었는데, 만월개가 술잔을 들어
신(臣)에게 권하며 말했습니다.

"이 술은 칸(汗)께서 담아두었다가 마시는 낙장소주(駱醬燒酒)요.
사신을 위해서 보내오신 것이니, 실컷 마시고 잔뜩 취하기를 바라오."

신(臣)이 세 순배 술잔이 돌고서야 파하여 객관 밖에 이르자, 만
월개가 말위에서 인사를 하고 갔습니다.

그리고 남문의 삼층각 위에는 삼혈총(三穴銃)이 32자루가 있었으
며, 아래층에는 정철대백자(正鐵大白字) 42좌(坐)가 있었고 또 홍이
포(紅夷砲) 1좌가 작은 수레에 있었습니다. 남문의 좌우에는 작은
창고가 있었는데 각기 2칸씩이고 모두 잠겨 출입할 수 없어서 신
(臣)의 군관(軍官) 김득(金得)이 구멍으로 들여다보니 모두 불랑기(佛
朗機) 자포(子砲)로 화약이 쟁여져 쌓여 있었습니다.

十九日。晴。

食後, 滿月介以汗言來傳曰:"使臣留館累日, 想必無聊, 登南
門樓上, 遊覽可也."臣意欲登高看審形勢, 故卽率員役, 與滿胡
共登南門。三層閣上, 平原廣潤, 極目無際, 俯見城之內外, 軆
城周回僅十里, 城裏家戶雖多, 除其諸王[76]及各衙門公室, 民家
不滿千戶, 城外四面人家, 幾至萬餘戶, 而但人物鮮少, 頗多蕭

條[77]。無何[78], 膳夫[79]胡所叱介等五人, 先備宴牀, 待臣設酌, 滿
胡把盞勤臣曰：“此汗儲飮駱醬燒酒也。爲使臣送來, 幸極飮盡
醉.”臣三酌而罷, 還到館外, 滿胡馬上, 相揖而去。且南門三層
上, 有三穴銃[80]三十二柄, 下層有正鐵[81]大白字四十二坐, 又紅夷
砲[82]一坐則載於小車。南門左右邊, 有小庫各二間而皆鎖閉之,
臣軍官金得, 窺穴視之, 皆佛朗機[83]子砲, 藏藥積置是白齊。

3월 20일. 맑음.

용골대(龍骨大)·만월개(滿月介)·마부대(馬夫大) 세 사람이 객관(客
館)에 와서 말했습니다.

---

76 王(왕): 王子의 오기인 듯.

77 蕭條(소조): 분위기가 매우 쓸쓸함.

78 無何(무하): 얼마 안 되어. 머지않아.

79 膳夫(선부): 요리사. 요리인.

80 三穴銃(삼혈총): 총신이 짧은 총열 세 개를 하나의 쇠자루에 연결시켜 발사체를 연속
    으로 사격할 수 있는 개인 화기.

81 正鐵(정철): 단조 가공이 가능하여 견고하고 날카로운 병기나 도구 등을 제작하는데
    사용된 쇠.

82 紅夷砲(홍이포): 명나라 때 네덜란드의 대포를 모방하여 만든 중국식 대포.

83 佛朗機(불랑기): 유럽에서 건너와 명나라 때 유행한 대포. 이 대포의 가장 큰 특징은
    포가 母砲와 子砲로 구성되어 있으며, 탄환을 발사하는 포신(모포)과 탄환 및 화약을
    채워 넣는 부분(자포)이 분리되어 있다는 점이다. 포 하나에는 여러 개의 자포가 있
    었으며 이 자포에는 항상 화약과 탄환이 장전되어 있어서 오늘날의 탄약통
    (cartridge)에 해당되는 역할을 하였다. 발사할 때는 모포의 뒤에 있는 구멍에 탄약
    이 장전된 자포를 끼워서 점화만 하면 되었다.

"예단 가운데 약속을 어긴 것이 있어서 여러 번 돌려보내며 말했
으나 끝내 아무런 답이 없으니 어찌된 것이오?"

신(臣)이 말했습니다.

"예단과 관련된 일은 계유년(1633) 춘신사(春信使) 박노(朴簩)의 사
행 때 이미 의논하여 정한 것인데, 몇 년이 지난 후에 이 말을 제기
하니 매우 괴이하오."

"이미 의논하여 정해진 것이니, 모름지기 다시 말할 필요가 없소."

또 말했습니다.

"귀국이 사화팔국(司貨八局)을 설치하였으니 우리 팔영(八營)의 물
품에 응하는 것이 어떠하오?"

신(臣)이 말했습니다.

"우리나라의 물품은 호조(戶曹)가 주관하지만 경성에는 평시서(平
市署)가 있고 경성 밖에는 관향사(管餉使)가 있어서 물품이 없을까
걱정할 뿐, 요구에 응대하는 것은 걱정하지 않으니 어찌 구태여
관아를 더 늘려 설치하겠소?

용골대(龍骨大)가 말했습니다.

"그렇다면 관향사로 8명을 구하여 응대케 하면 또 어떻겠소?"

신(臣)이 말했습니다.

"물품을 관리하는 사람[司貨者]이 그들의 사사로이 교역하는 물
품으로 응대케 한다면 8명의 상인을 구하는 것도 혹 괜찮을 수 있
소. 그러나 비록 그러한 사람을 구하더라도 반드시 관향사가 부지

런히 힘써 바꾼 물건을 다만 달라는 대로 주는 것을 허락할 뿐이니,
8명을 구한들 어찌 그 사이에 편리와 이익이 있겠소? 그래서 그저
께 내가 삼화(蔘貨)를 줄이자고 다툰 것은 이런 이유 때문이었소.”

용골대가 아무런 대답을 하지 않고 다른 사람에게 말했습니다.

“우리나라는 일찍이 천지차(天池茶)·작설차(雀舌茶)를 마셨지만
구할 길이 없소. 들건대 귀국의 산물이라고 하니 상인들로 하여금
그 남초(南艸: 담배)를 제외하고 이 차를 사들이는 것이 어떻겠소?”

신(臣)이 대답했습니다.

“이 물건은 원래 우리나라에서 나는 것이 아니고 중국에서 들어
온 것이니 사들이기가 매우 어렵소. 상인들이 어찌 거래할 수 있는
것이겠소?”

오랑캐들이 “네네.” 하고 갔습니다.

오후가 되자 용골대(龍骨大)가 또 만월개(滿月介)와 함께 찾아와서
말했습니다.

“회령(會寧) 개시(開市) 때 파견관원[差官]을 보내지 말라는 것과
인삼을 몰래 캐는 사람들을 출송하는 일은 지난해 추신사(秋信使)가
누누이 역설했으나 이루지 못했지만, 지금 사신을 위해 힘껏 주선
하여 사리에 합당하게 처리되도록 국서(國書)에 기록하고 인삼을
몰래 캔 세 사람도 곧 압송되어 올 것이오. 우리들이 전부터 서로
잘 지내는 의리를 사신께서 어찌 그것을 모를 리 있겠소?”

자못 더할 수 없이 거만하게 자랑하고 그냥 그대로 상마연(上馬

宴: 餞別宴)을 베풀어서 잔치음식을 장엄하게 차렸는데 동관(東館)과
서관(西館)의 상인들 6명에게도 아울러 한 상을 내렸습니다.

만월개가 칸(汗)의 말을 전하며 안장을 지운 말 1필, 표피 15령
(領), 인삼 5근을 주었습니다. 신(臣)이 굳이 사양하며 받지 않자,
만월개가 말했습니다.

"우리들은 명을 받들어 귀국에 파견되어 국왕께서 후하게 상으
로 물품을 내렸지만 우리나라의 물자가 빈약하여 예물이 약소한
데, 만약 사양하고 받지 않는다면 칸(汗)께서 필시 마음이 편치 않
으실 것이오."

그대로 내버려두고 가버렸습니다.

二十日。晴。

龍滿馬三人到館曰: "禮單中有違約者, 屢回言及而終無答, 何
也?" 臣曰: "禮單一事, 癸酉春信使朴篪之行, 〈旣講定, 數年而
後, 提起此言, 極可怪也。〉[84] "旣以講定, 不須更言." 又曰: "貴國
設司貨八局, 應我八營之貨, 何如?" 臣曰: "我國之貨, 戶曹主
管, 而京有平市[85], 之外有, 唯患乎无貨, 不患乎酬應, 何必加設
剩官[86]也?" 龍胡又曰: "然則, 管餉得八人而應之, 亦如何?" 臣

---

84 이 부분은 누락된 듯하여 《硏經齋全集》外集 권40 〈瀋行記程〉에서 인용한 것임.
85 平市(평시): 平市署. 조선시대 시전과 도량형, 그리고 물가 등에 관한 일을 관장하던
   관서.
86 剩官(잉관): 정원 밖에 더 둔 벼슬아치.

曰: "司貨[87]者, 以其私貨應之, 則得八人之尙[88]或可也。而雖得
其人, 必以管餉使拮据轉換之物, 只自許給[89]而已, 八人之得, 豈
有便益於其間哉? 是以再昨俺之爭減蔘貨者, 爲此故也。"龍胡
不答而言他曰: "我國尙[90]飮天池·雀舌茶, 而無從得之。聞貴國
所産云, 使商賈輩除其南艸[91], 貿致此茶如何?"臣答曰: "此物原
非我國所産, 來自中國, 貨甚難矣。商賈烏得以販鬻者乎?"胡人
等唯唯而去。午後, 龍胡又與滿胡, 來言曰: "會寧之市, 勿遣差
官及潛採人出送事, 上年秋信使, 累累力陳未遂, 今爲使臣極力
周旋, 已得停當[92], 並載於國書, 潛採三人, 卽令押來。俺等自前
相厚之義, 使臣其知之耶?"頗極誇矜, 且仍設上馬宴[93], 嚴備宴
需, 而東西館商賈六人, 並給一牀。滿胡以汗言傳授鞍具馬[94]一
匹, 豹皮十五領, 人蔘五斤。臣固辭不受, 滿胡等曰: "俺等奉差
貴國, 國王厚賜賞物, 我國物力殘薄, 禮物些少, 若辭而不受, 則
汗必以未安。"仍弃置而去。

---

87 司貨(사화): 관아에서 금전과 물품의 출납을 관리하는 사람.
88 尙(상): 商의 오기.
89 許給(허급): 달라는 대로 허락하여 베풀어 줌.
90 尙(상): 嘗과 통용.
91 南艸(남초): 담배.
92 停當(정당): 사리에 합당함.
93 上馬宴(상마연): 외국 사신이 왔다가 일을 마치고 떠나기 직전에 베풀던 잔치.
94 鞍具馬(안구마): 안장을 지운 말.

3월 21일. 흐림.

이른 아침에 만월개(滿月介)가 박시호(博時胡)·반지우(班志友)·이승좌(李承佐) 등과 함께 칸(汗)의 문서 초안을 가지고 와서 보여주는데, 하나는 국서에 대한 답서이었고 다른 하나는 별도의 서신이었습니다. 회령(會寧) 개시(開市) 때 파견 관원을 보내지 말라는 일과 인삼을 몰래 캔 종성(鍾城) 사람 3명을 출송하는 일이 과연 별도의 서신에 실려 있었습니다. 다만 신(臣)이 마부대(馬夫大)의 일처리를 보니, 일이 매우 해괴하여 마부대에게 따져 물었습니다.

"우리나라가 그대를 대접한 것이 지극하고 극진하였소. 어떻게 감히 이처럼 이치가 없는 말로 칸(汗)에게 고하게 되었던 것이오? 그대가 말한 것은 즐거워할 것도 노여워할 것도 없지만, 그대가 지난해 의주(義州)에 이르러 중국 사람들에 의해 가로막혔을 때, 우리나라가 있는 힘을 다하여 호위해 보냈다는 생각에는 여지가 없을 것이오. 그런데 이를 핑계삼아 변고가 이를까 의아하고 두려웠다는 말을 갑자기 지금에서야 하는 것이오? 이야말로 사람이고서 차마 할 수 없는 말이니 매우 해괴하오."

마부대(馬夫大)가 얼굴을 붉히며 대답을 하지 못하자, 용골대(龍骨大)가 말했습니다.

"무릇 크고 작은 일들을 칸(汗)께 고하지 않을 수 없었기 때문이었을 것이오. 어찌 그 사이에 다른 뜻이 있었겠소?"

오후가 되자, 용골대와 마부대가 와서 말했습니다.

"홍시는 우리나라에서 지극히 귀한 과일이오. 지난해 추신사(秋信使)가 돌아갈 때 칸(汗)과 여러 왕자들이 이 과일 수만 개를 구하려고 잔치자리에 직접 찾아오셨소. 그래서 내가 말하기를, '이 과일은 조선에서 많이 나는 흔한 과일인지라 마땅히 사신에게 말을 하여, 우리 차관(差官: 청나라 사신)이 갈 때 인부와 말을 정돈하여 보내면 좋을 것입니다.'고 하니, 칸(汗)과 여러 왕자들이 모두 '좋다.'고 하셨소. 그래서 차관에게 위임하여 인부와 말을 보낼 것이오. 보낸 홍시가 심히 적으면, 나는 매우 면목이 없을 것이오."

신(臣)이 말했습니다.

"이 과일은 남쪽 지방의 토산품으로 도성과 거리가 3천 리 떨어져 있는 곳에서 나는데다, 구시월이 되어야 익어 겨울이 깊으면 썩어문드러져서 많이 보내지 못하오. 어찌 그 정이 없어서 그런 것이겠소?"

용골대(龍骨大)가 말했습니다.

"거리가 멀고 생산 계절이 늦다는 것은 나도 알고 있소. 다만 약속 기한까지 의주(義州)에 운송하여 보내주면 우리나라 사람들이 직접 실어올 것이오."

신(臣)이 말했습니다.

"이것은 사신이 마음대로 할 수 있는 것이 아니니, 마땅히 돌아가서 조정에 보고하겠소."

二十一日。陰。

早朝, 滿月介與博時胡·班志友·李承佐等, 持汗書草來示, 一則國書所答, 一則別書也。會寧市勿遣差人事及潛採者鍾城人三名出送事, 果並載別書。但臣見胡馬[95]之事, 極駭愕, 詰問馬胡曰:"我國待你, 至矣盡矣。何敢做此無理之言, 至告汗前耶? 爾之所言, 不足以喜怒, 然你去年到義州, 爲漢人攔阻之時, 我國極力護送之意, 无餘地矣。托之以疑恐變及等語, 遽發於今日耶? 此乃人所不可忍言, 極可駭也。"馬胡面赧不答, 龍胡曰:"凡大小事, 不可不告汗前故也。豈有他意於其間哉?"午後, 龍馬來言曰:"紅梻乃我國至貴物也。去年秋信使之還, 汗及諸王子, 欲得此果數萬箇, 以爲宴席之生輝[96]。俺曰:'此果朝鮮之賤産, 當言使臣, 我差之去, 整送夫馬爲可。'汗及諸王子皆曰:'可。'。委送夫馬矣。所送甚些少, 俺之無顔甚矣。"臣曰:"此物卽南土所産, 自京相距三千里, 且九十月乃其成熟之節, 而冬深腐爛, 不堪多致。豈其情薄而然也?"龍胡曰:"地遠節晚, 俺亦知之。但及期運致義州, 則我人自當輸來。"臣曰:"此非使臣所可自擅, 當歸報朝庭。"云。

---

95 胡馬(호마): 馬胡의 오기.
96 輝(휘): 귀인이 찾아옴. 직접 찾아옴.

3월 22일. 맑음.

이른 아침에 용골대(龍骨大)·만월개(滿月介)·반지우(班志友)·마부대(馬夫大)·평고(平古) 등이 찾아와 칸(汗)의 서신을 전하고서 이윽고 말했습니다.

"예단을 의논하여 정할 때에 금·은·흑각(黑角: 물소뿔)은 귀국에서 나는 것이 아니니 거론하지 말 것이고, 그 나머지 여러 가지 것들은 하나같이 약조에 따라 하겠소. 해마다 귀국의 사신과 우리나라의 차원(差員: 청나라 사신)이 갈 때 매양 언급하는데도 끝내 좋다거나 나쁘다거나 하는 말이 없으니 그 이유를 알지 못하겠소. 그러니 모름지기 사신께서 이 뜻을 돌아가서 조정에 보고하면 우리나라 차원(差員)이 가서 또한 마땅히 이 일을 언급할 것이오."

신(臣)이 말했습니다.

"이 무슨 말씀이오? 그저께 그대들이 제기한 이 말에 대해 내가 대답하기를, '예단에 관한 일련의 일은 계유년(1633)의 춘신사(春信使)가 이미 의논하여 정한 것인데, 이미 몇 년이 지난 뒤에 이렇게 제기하여 말하니 매우 괴이하다.'고 했었소."

용골대(龍骨大)가 손을 내어저으며 말했습니다.

"이 일은 아닌 게 아니라 이미 의논하여 결정된 것이니 모름지기 다시 말할 필요가 없소."

신(臣)이 말했습니다.

"겨우 하루 지났는데도 이와 같이 반복하여 이처럼 이치가 없는

말을 하는데, 어찌 돌아가서 조정에 보고할 수 있겠소? 이런 것들
로 다시는 번거롭게 해서는 안 될 것이오."

용골대가 말했습니다.

"오직 박 참판(朴參判)만이 알 것이오. 사신은 그 내막을 알지 못
하오."

박 참판은 박노(朴簹)입니다. 신(臣)이 대답했습니다.

"나도 또한 한 나라 조정의 신하이오. 이 같은 큰일을 박노가 어
찌 혼자만 알겠소? 나 역시 알고 있소. 만약 기준에 미치지 못하는
수량이 있었다면 그저께 이것을 발언했어야지, 그대는 어찌하여
이미 의논하여 정한 것을 가지고 답하라 하는 것이오? 그대가 말한
바에 의거하더라도 박노(朴簹)와 완전히 결정한 것이 명백하여 의
심의 여지가 없는데, 어떻게 다시 말하여 시끄럽게 될 발단을 야기
하는 것이오?"

용골대(龍骨大)가 다시 억지로 힐문하지 않고 성을 벌컥 내며 일
어나 가버렸습니다. 대개 그저께 용골대가 대답한 말이 미워서 증
거로 삼은 것입니다.

식사를 마친 뒤에 신(臣)이 짐을 꾸려 길을 떠나려다가, 날마다
음식과 소 가운데 동관(東館)과 서관(西館)에서 쓰고 남은 것이 모
두 16수로 헤아려 객관의 당직 오랑캐에게 주고서 원역(員役: 관원과
일꾼)들을 거느리고 객관 문밖을 나서니, 용골대·만월개(滿月介)·
마부대(馬夫大) 세 사람이 이미 나와서 신(臣)과 함께 말고삐 나란히

하고 연청(宴廳: 연회장)에 도착하여 전별연(餞別宴)를 베풀었습니다.

　대낮에 혼우강(混于江)을 건너서 저물어서야 실리보(實伊堡: 十里堡)에 숙박하였습니다.

　早朝, 龍骨大·滿月介·班志友·馬夫大·平古等來傳汗書, 仍曰: "禮單講定時, 金銀黑角則非貴國所産, 不爲擧論, 其餘各色, 一依條約事。年年, 貴國使臣及我國差員之行, 每每言及, 迄無皂白[97], 未知其由。須以此意歸報朝廷, 我差之去, 亦當言送矣。"臣曰: "此何言也? 再昨你等提起此言, 俺答曰: '禮單一事, 癸酉春信之旣已講定, 已經數年, 提起此言, 甚可怪也。'"龍將揮手而言曰: "此事, 果已講定, 不須更言。"臣曰: "纔經一日, 反覆若此, 如此無理之言, 豈可歸報朝廷乎? 此等, 更勿煩可也。"龍胡曰: "惟朴參判知之。使臣不知。"云。朴參判, 卽簹也。臣答曰: "俺亦一朝臣也。如此大事, 朴簹豈獨知之? 俺亦知之。若有未準之數, 則再昨之發言也, 你何以果已講定, 爲答乎? 據你所言, 與朴簹完定, 明白無疑, 何乃更發惹起鬧端[98]乎?"龍胡更不强詰, 勃然起去。盖惡之以再昨龍胡所答之言, 爲證也。食後, 臣治裝發程[99], 而逐日饌牛, 用餘東西館, 並十六首, 計授館直胡, 率員役出館門外, 龍滿馬三人已來, 與臣共轡到宴廳, 設行餞宴。午渡

---

97 皂白(조백): 是非. 흑백.
98 鬧端(요단): 시끄럽게 되는 발단.
99 發程(발정): 길을 떠남. 출발.

混于江, 暮宿實伊堡。

3월 23일。 맑음。

식사를 마친 뒤에 귀국길에 올라서 난니보(爛泥堡)에서 말에게 먹이를 먹이고 고려촌(高麗村)에서 숙박하였습니다. 신(臣)이 나선 뒤, 객관 안에 남겨 둔 소 가운데 잘 걷는 소 6마리를 칸(汗)이 택하고 차호(差胡: 오랑캐의 사신)를 별도로 정해 이곳으로 나중에 보냈는데, 신(臣)이 굳이 거절하고 받지 않았습니다.

二十三日。 晴。

食後啓行[100], 秣馬于爛泥堡, 止宿於高麗村。臣出來後, 汗擇其留置館中牛能運步者六角, 別定差胡[101], 追送于此, 臣牢拒不受。

3월 24일。 맑음。

식사를 마친 후에 태자하(太子河)를 건너고 안평천(安平川) 가에서 말에게 먹이를 먹이고 저물어서야 이목정(梨木亭)의 연대(煙臺)에서 포로로 잡힌 중국사람 진삼(陳三)의 집에 숙박하였습니다. 후금 역관[胡譯] 권인록(權仁祿)은 일찍부터 이 중국 사람과 서로 친했기 때

---

100 啓行(계행): 여정에 오름.
101 差胡(차호): 오랑캐가 보낸 사신이라는 뜻으로, 청나라의 사신을 홀하게 이르는 말.

문에 몰래 사정을 물으니, 대답했습니다.

"선부(宣府)와 대동(大同)에서 패배한 이후로 병마(兵馬)가 심히 줄었는데, 그 병마의 수를 보충하려고 약간의 군마(軍馬)를 서북쪽에 보냈소. 비록 사로잡은 바가 있었을지라도 어찌 그 줄어든 수만큼 능히 보충할 수 있었겠소?"

이 말은 믿기 어렵지만 이전에 들은 것과 부합하는 것이었습니다.

二十四日。晴。

食後渡太子河, 秣馬于安平川邊, 暮宿梨木亭煙臺擄漢陳三家。胡譯權仁祿, 曾與此漢相親, 密問事情, 答曰: "自宣大敗, 後兵馬甚少, 欲充其數, 分送若干軍馬於西北矣。雖有所獲, 豈能補其闕也." 此言, 難以準信, 但似合於前聞是白齊。

3월 25일。

아침에는 비가 오다가 낮에는 흐려 황석령(黃石嶺: 청석령의 오기)을 넘어 첨수참천(甛水站川) 가에서 말에게 먹이를 먹였습니다. 무오년(1618) 포로가 된 전주(全州) 사람 속오군(束伍軍) 정명생(鄭命生)이 양식과 마초(馬草)를 보내왔는데, 후금 역관[胡譯] 김명길(金命吉)이 그 사정을 묻자, 대답했습니다.

"지난해 선부(宣府)와 대동(大同)의 전투에서 군대를 따라 들어갔다가 겨우 살아 돌아온 군인의 수가 2만여 명이고 사망자가 태반이었소. 또한 장수와 병졸들 모두가 굶주려 전마(戰馬)를 죄다 죽여 배를 채우고는 여러 장수들도 모두 걸어서 돌아왔소."

오후에는 회령령(會寧嶺)을 넘어 고개 밑의 연대(煙臺)에서 숙박하였습니다.

二十五日。

朝雨午陰, 踰黃石嶺[102], 秣馬于甛水站川邊。戊午年被擄全州束伍軍[103]鄭命生, 糧艸輸來, 胡譯金命吉問其事情, 答曰: "去年宣大之戰, 隨軍入往, 僅得生還軍數二萬餘, 而死亡者半。且將卒俱飢困, 盡殺戰馬而充腸, 諸將皆徒步而還。"云。午後, 越會寧嶺, 止宿于嶺底煙臺。

3월 26일。 흐림.

아침밥을 냉수령(冷水嶺) 밑의 강가에서 먹었는데, 개성부(開城府) 상인의 노비 돌무적(乭無赤)과 구마인(驅馬人)의 노비 섭리동(涉里同)이 갑자기 까무러쳐 죽으니 실로 참혹하고 측은하였습니다. 저물어서야 통원보(通遠堡)에 이르러 강가에서 노숙하였는데, 호위하던 오랑캐 장수들이 칸(汗)의 말이라며 도살한 소 1마리를 주어 귀국하

는 길의 음식으로 삼도록 했습니다. 신(臣)은 원역(員役: 관원과 일꾼)들에게 절반을 주고 저들에게도 나머지 절반을 주었습니다.

二十六日。陰。

朝飯于冷水嶺底川邊， 開城府商賈奴乭無赤·驅馬人奴涉里同, 不意中惡身死, 誠爲慘惻。暮到通遠堡, 露宿川邊, 護行將胡等以汗言屠牛一角以爲行路之饌。臣半給員役, 半給彼人等。

3월 27일. 비.

아침밥을 먹고 출발하여 장문(場門)에 이르자, 호위해 왔던 오랑캐들이 장문에서 가로막으며 신의 일행인 인부와 말들이 장문을 나서지 못하게 하고 말했습니다.

"칸(汗)께서 객관에 내버려져 있는 소 6마리를 사신을 위하여 나중에 보내셨는데, 오는 도중에 1마리가 잘 걷지를 못했으므로 첨수참(甛水站)에 그대로 두고 이곳에 온 것이 5마리요. 사신이 받지 않으면 우리들은 반드시 중죄를 받을 것이니, 만약 결단코 받지 않겠다면 문을 열 수가 없소."

신(臣)이 권인록(權仁祿)을 시켜서 더러는 노발대발하기도 하고 더러는 알아듣도록 잘 타이르기도 하며 끝내 받지 않았습니다. 신시(申時: 오후 4시 전후)에 이르러서야 비로소 장문을 나서서 팔도하(八渡河) 강가에 숙박하였는데, 오랑캐들이 소를 몰아 뒤쫓아 와서 또 내버려두고 갔습니다. 신(臣)이 생각하기를, 오랑캐들이 아무도 없는 곳에 그저 버려두고서도 소를 받아갔다는 명분을 얻으려 하니 의주(義州)의 탕진한 고을에 전하여 주는 것만 못하다고 여기어, 호차(胡差: 오랑캐 사신)를 대접하는데 다시 사용해도 무방할 듯했으므로 의주(義州)의 호행군(護行軍)에게 주도록 부윤(府尹)에게 부탁하였습니다.

二十七日。雨。

早食發行, 到場門, 護行胡等遮截於場門, 臣一行夫馬, 使不得出門曰："汗爲使臣, 追送館中弃置饌牛六首, 於中路而一首不能運步, 故弃置甛水站, 來此者五首也。使臣不受, 則吾等必受重罪, 若不受之決, 不開門。"云。臣使權仁祿, 或嗔怒[104]或開諭, 終不受之。至申時, 始出場門, 止宿于八渡河川邊, 胡人驅牛追到, 又弃去。臣以爲如其空弃於無人之處, 而得受牛之名, 莫如傳受於義州蕩敗之邑, 使之還用於胡差接濟, 似或無妨, 故授之義州護行軍, 以付府尹處是白齊。

3월 29일。 맑음.

이른 새벽 밝을 무렵에 출발하여 세천(細川)에서 아침밥을 먹고

---

104 嗔怒(진노): 노발대발함. 진노함.

미시(未時: 오후 2시 전후)경 중강(中江)에 도착했습니다. 거룻배 1척
으로는 일행의 인부와 말이 건너기가 어려워서, 신(臣)은 다만 원역
(員役)을 거느리고 유시(酉時: 오후 6시 전후)에 다시 압록강(鴨綠江)을
건넜습니다. 그간의 연유(緣由)를 즉시 치계(馳啓)하고, 거느렸던 인
부와 말들이 함께 건너지 못하여 건너편에 그대로 두었습니다. 신
(臣)이 먼저 출발하여 건너는데 보호하는 사람이 없었지만 뜻밖에
환난이 생기더라도 그들이 반드시 무고해야 함을 보장하느라, 부
득이하게 4월 2일에야 전원이 강을 건넜기로 3일에 출발해 올라왔
습니다.

二十九日。晴。

早曉[105]發程, 朝飯于細川, 未時量到中江。以小船一隻, 一行
夫馬, 勢難過涉, 臣只率員役, 酉時還越鴨綠。緣由卽爲馳啓,
而所率夫馬, 並不得涉, 留置越邊。臣先發程則護涉無人, 意外
之患難, 保其必無故, 不得已四月初二日, 盡數過涉, 初三日登
程上來是白齊。

신(臣)이 통원보(通遠堡)의 서쪽을 살폈사온데, 지나는 곳마다 각
보(堡)의 성가퀴들이 무너졌는데도 하나도 수리되지 않았으며, 통
원보에서 산요보(山枖堡: 山拗堡의 오기)까지 230여 리 사이에 마을

---

105 早曉(조효): 이른 새벽 밝을 무렵.

터가 황폐하고 행인이 전혀 없다가 실리보(實伊堡: 十里堡)를 지날 때에야 비로소 오가는 오랑캐가 있었습니다. 혼우강(混于江)에 도착하였는데 이곳은 심양(瀋陽)에서 10리 떨어진 곳인데도 또한 갑옷을 입고 말을 치달리는 병졸 한 명조차 없었으며, 칸(汗)이 앉아 있는 당상(堂上)을 보았을 때도 좌우에 호위하고 서 있는 사람들 또한 100여 명에 불과했습니다.

신(臣)은 당초 생각에 교활한 오랑캐들이 단점을 보여주고 약한 체 하는 것으로 여겨 예로부터 내려오는 장기(長技) 속에 속임수가 있을까 염려하였습니다. 그래서 신(臣)이 한 번 문루(門樓)에 올라서 성의 안팎을 두루 살피니, 인가가 만여 호쯤 헤아릴 만하나 사람들은 보이는 수가 인가의 수에 미치지 못하는 듯했는데 선부(宣府)와 대동(大同)에서 패배하여 사망자가 태반이었다는 말과 같은 듯하고, 저들이 비록 서쪽과 북쪽 두 갈래 길로 나누어 출병했다고 하지만 양쪽으로 출병한 수가 각기 만여 명에 차지 않는다는 말과는 또한 같지 않았습니다. 신(臣)은 바로 이때에 그윽이 스스로 되짚어 생각해보니, 신(臣)이 처음 통원보(通遠堡)를 지났던 것이 바로 2월 25일이었는데 그때 만류하며 말하기를, "사행의 호위군이 아직 도착하지 않았으니 나오기를 기다렸다가 달려가는 것이 마땅하다."고 한 자는 신(臣)으로 하여금 알지 못하게 하려는 듯했고, 요토(要土)가 2월 26일에 출병하면서 많든 적든 병력을 나눈 것은 명백하였습니다. 또한 들사온데 용호(龍胡: 용골대)가 말한 것으로 북호(北

胡)를 포로로 사로잡은 1만여 명 가운데 장정(壯丁)이 5천 명이었고 또 대원달자(大元㺚子) 중에는 투항하고서 미처 오지 못한 자가 매우 많다고 하였지만, 이와 같은 말은 크게 떠벌리는 말이 아닌 것이 없었습니다. 신(臣)이 객관(客館)에 머문 10여 일 동안 본 것은 대체로 교만하고 방자하게도 각 관아에 개인적인 농장을 배치하고 널리 차지하는 데만 일삼는 것이었습니다. 의복을 호화롭게 입고 음식을 풍성히 갖추는 것은 본디 야인들의 습속이 아닌데도 지금 이와 같았습니다. 대개 그 규례(規例)가 이미 가득한데도 또한 전적으로 사치스럽기를 크게 하는데 힘쓰는 것이 지난날에 보았던 것으로 역시 단점을 보이지 않았으니, 그들이 접대할 즈음에 은근히 후의를 베푸는 일은 종전의 관행적인 것으로 모두 종전에 비해 점차 더했다라고 말했습니다. 게다가 어떤 오랑캐가 이른바 연산관(燕山館: 連山館) 옛터와 통원보(通遠堡)의 성 밖에 만든 농장은 모두 우리나라 사신을 영접하기 위한 것이라고 하는데, 비록 교활한 오랑캐의 마음씨와 짓거리에 믿지 못할 것이 있었을지라도 본 바에 근거하면 오래도록 지속적으로 좋게 지내려는 뜻이 있는 듯했습니다. 오랑캐와 접촉하며 말하는 사이에 신(臣)이 보고 듣고서 알 수 있었던 것을 가지고 죽음을 무릅쓰고 주달하옵니다.

절충장군 행 용양위 부사 정(折衝將軍行龍驤衛副司正) 신(臣) 이준(李浚)은 대단히 황송하와 머리를 조아리고 삼가 백 번 절하며 주상 전하께 글월을 올리나이다. 삼가 아뢰옵건대, 신(臣)은 타고난 바

탕이 본래 우둔하고 전대(專對)를 감당하기에 재주가 부족한데도
뜻밖에 어명을 받고 사신으로서 이역에 가게 되어 밤낮으로 황공
하였사옵니다. 오로지 일을 그르쳐서 나라에 욕을 끼칠까 걱정하
였지만, 지금에 이르러 송구스러워 몸 둘 바를 모르겠습니다. 그리
고 후금의 칸(汗)이 준 것을 신(臣)이 받은 것은 안장을 지운 말 1필,
표범 가죽 15령(領), 인삼 50근 등등의 물품으로 신(臣)은 감히 사사
로운 이익을 구하지 않고 그 관청[該司]에게 맡겨 군수물자로 만분
의 일이라도 보탤 수 있기를 청하나이다. 신(臣)은 지극히 간절하
고 두려운 마음을 감당하지 못하고 삼가 죽음을 무릅쓰고 아뢰나
이다.

숭정(崇禎) 8년(1635) 4월

臣觀通遠堡以西, 所過各堡城堞, 頹破無一修治, 自通遠至山
炯堡二百三十餘里, 村墟頓荒, 行人絶少, 過實伊堡, 始有往來
之胡. 及到混于江, 此是瀋陽十里之地, 而亦無一卒帶甲馳騁
者, 及見汗之坐堂時, 左右護立亦不過百數. 臣之初意, 以爲狡
虜之見短示弱, 從古所長恐有瞞. 臣一遭[106]及登門樓, 觀城內
外, 人家計可萬餘, 而人物見數, 似不準戶數, 且於宣大之敗, 死
亡殆半, 似同辭, 自伊雖云[107]分西北兩路, 出兵云, 而兩路兵數,
各不滿萬之說, 亦不同辭. 臣於此時, 竊自追惟, 臣之初過遠堡,

---

106 一遭(일조): 1회. 한 번.
107 云(운): 불필요한 글자인 듯.

正在二月卄五日, 而其時挽留措說乃曰: "護行軍未到, 當待出來
進往."云者, 似欲臣无見, 要土二月卄六日發兵, 多寡分數者明
矣。且聞龍胡所言, 北胡俘獲萬餘口, 其丁壯五千, 又有大元㺚
子降附而未及來者甚衆云, 此等語, 無非誇大之說。臣留館十餘
日所見, 大抵專事驕僭[108]其於各衙門之排置私農舍[109]之廣占。
衣服奢華, 飮食豐備, 素非野人習俗, 而今至若此。盖似其規已
滿, 而亦專侈大爲務, 則向日所見, 亦非, 當其接待之際, 慇懃致
厚之事, 從前慣行者, 皆言比前漸加云。且有奴人所稱燕山館舊
基, 通遠堡城外所設農舍, 皆爲我國使臣迎接云, 則雖黠虜情態
有不可信, 而據其所見, 似有欲久長和好之意矣。其接應[110]言辭
之間, 亦以可見以臣聞見, 冒死上陳爲臥乎事[111]。折衝將軍[112]行
龍驤衛[113]副司正臣李浚, 誠惶誠恐[114], 頓首謹百拜, 上言于主上
殿下。伏以, 臣質本魯鈍, 才乏專對[115], 意外承命, 奉使異域, 晝
夜兢惶。惟以僨事[116]辱國爲憂, 到今隕越[117], 無地措躬[118]。而臣

---

108 驕僭(교참): 교만하고 분수에 넘침.
109 農舍(농사): 농장.
110 接應(접응): 맞이하여 대접함.
111 爲臥乎事(위와호사): '하는 일'이라는 이두 표기.
112 折衝將軍(절충장군): 조선시대 무신 정3품 당상관의 품계명.
113 龍驤衛(용양위): 조선시대 둔 五衛의 하나.
114 誠惶誠恐(성황성공): 대단히 황송함. 신하가 군주에게 올리는 글에 쓰는 말이다.
115 專對(전대): 임기응변함. 외국에 사신으로 나가서 독자적으로 응대하며 일을 잘 처리하는 것을 말한다.
116 僨事(분사): 일을 망침. 실패하거나 잡쳐서 틀려 버린 일.

所受金汗所給, 具鞍馬一匹, 豹皮十五領, 人蔘五十斤等物, 臣
固不敢自私, 請付該司, 以補軍需之萬一。臣無任激切屛營[119]之
至, 謹昧死以聞。崇禎八年四月 日。

협주: 이하는 의주(義州)로부터 경성(京城: 한양)으로 들어오기까
지의 일기이다.

此下, 自灣入京日記。

---

117 隕越(운월): 절실히 원하는 마음. 송구스러움.
118 無地措躬(무지조궁): 몸 둘 바를 모르겠음.
119 屛營(병영): 마음의 안정이 안 되어 방황하거나 두려워하는 모양이나 상태.

1635년 4월

4월 1일, 2일.

거느린 인부와 말들이 아직 건너지 못했기 때문에 그대로 용만관
(龍灣館)에 머무르다가 날이 저물어서야 고을 수령과 산성으로 갔다.

四月初一日。二日。

以所帶夫馬未渡, 仍留龍灣館, 而日暮, 與主倅往山城。

4월 3일. 흐림.

출발하여 양책관(良策館)에서 점심을 먹었는데, 고을 수령 이백
고(李伯固)가 여러 창기(倡妓)들을 이끌고 나와 기다렸다. 오후가 되
어서 유숙할 봉련관(奉輦館: 車輦館의 오기)에 도착하였는데, 고을 수
령이 역시 나와 기다렸다.

初三日。陰。

發行, 晝占于良策館[1], 主倅李伯固率諸倡出待矣。午後, 到宿
奉輦館, 主倅亦出待。

---

1   良策館(양책관): 龍川에 있는 객관.

4월 4일. 맑음.

아침밥을 먹고 출발하여 임반관(林畔館)에서 점심을 먹었는데, 고을 수령이 나와 기다리고 게다가 온 고을의 어르신네[父老]들이 술자리를 베풀어 머물기를 청하였다. 갈 때와 똑같이 출발하기를 애써 재촉하여 운흥(雲興)의 석교두(石橋頭)에 도착하니, 곽산(郭山) 수령이 술과 안주를 준비하여 나와 기다렸다. 저물어서야 정주(定州) 관아에 도착해 고을 수령과 평온하게 이야기를 나누었는데, 홍군식(洪君識)이 안주(安州)에서 봉련관(奉輦館: 車輦館의 오기)에 도착하여 함께 와서 이야기를 나누었다.

初四日。晴。

早食發行, 晝占林畔, 主倅出候, 且一鄕父老, 設酌請留。一如去時, 强令促行, 到雲興石橋頭, 郭山倅備酒饌來待。暮到定州衙軒, 與主倅穩敍, 洪君識自安州來到奉輦, 同來敍話。

4월 5일. 흐림.

밥을 먹은 후에 출발하여 납청정(納淸亭)에 도착하여 휴식을 취했고, 저물어서 가산군(嘉山郡)에 도착하였다.

初五日。陰。

食後發行, 到納淸亭休息, 暮到嘉山郡。

4월 6일. 맑음.

아침밥을 먹고 출발하여 공강정(控江亭)에 도착하니, 박천(博川) 수령이 술을 준비하고 장막을 치고서 기다리고 있었다. 오후가 되어서 안주(安州)에 도착하니 병사(兵使) 이하 여러 동료들이 모두 찾아왔다. 철아(鐵兒: 철견과 철인) 등 세 모자도 기다리고 있었는데, 마음에 참으로 불쌍하고 가엾었다.

初六日。晴。

早食行, 到控江², 則博川倅備酒設帳而待。午後, 到安州, 兵使以下諸僚皆來見。鐵兒三母子亦留待, 情甚可矜。

4월 7일. 흐림.

병사(兵使)에게 사례하는 뜻을 표하고 낮에 출발하여 숙녕관(肅寧館)에 도착하였는데, 고을 수령과 밤 깊도록 이야기를 나누었다.

初七日。陰。

回謝³兵相, 午發, 到肅寧館⁴, 主倅夜深敍話。

---

2 控江(공강): 控江亭. 博川에 있는 정자 이름.
3 回謝(회사): 사례하는 뜻을 표함.
4 肅寧館(숙녕관): 肅川에 있는 객관.

4월 8일. 흐림.

아침밥을 먹고 출발하여 순안(順安)에 이르러 점심을 먹은 뒤로 오리천(五里川) 가에 도착하자, 고을 수령이 기녀를 거느려 장막을 치고 기다렸는데, 전별주를 마신 뒤에 파하였다. 저물어서 기성(箕城: 평양)에 도착하자, 방백(方伯: 관찰사) 이하가 관등(觀燈)놀이를 위해 일제히 대동문(大同門)에 모여 있었다. 그래서 곧장 그곳으로 달려가 조용히 이야기를 나누다가 저녁에 잔치를 베풀고 밤이 깊어 파한 뒤로 서윤(庶尹)의 관아에서 숙박하였다.

初八日。陰。

早食發行, 到順安晝占, 到五里川邊, 主倅率妓設帳, 飮餞而罷。暮到箕城, 方伯以下, 以觀燈⁵齊會于大同門⁶上。直抵其處, 從容談話, 夕仍設宴, 夜深而罷, 宿于庶尹⁷衙軒。

4월 9일. 맑음.

조금 늦게 출발하여 대동강(大同江) 가에 도착해 배를 타고 겨우 강 절반쯤 건너려는데, 우연히 관향사(管餉使) 류대화(柳大華) 형님

---

5 觀燈(관등): 관등놀이. 사월 초파일에 석가의 탄일을 축하하기 위하여 등에 불을 밝혀 달아매는 불교행사.
6 大同門(대동문): 평양 동쪽에 있는 성문.
7 庶尹(서윤): 조선시대 漢城府와 平壤府에 소속된 종4품 관직.

을 만나 배 위에서 이야기를 나누다가 얼마 되지 않아 헤어졌다. 한낮이 되어서 중화(中和)에 도착하자 고을 수령이 나와 기다렸고, 외가 채씨(蔡氏) 문중의 여러 친족들이 작은 술자리를 베풀어 기다렸다. 저물어서 황주(黃州)에 도착하니, 판관(判官)이 찾아왔으며 병사(兵使)는 나가서 순찰하고 있었다.

初九日。晴。

差晚[8]發行, 到大同江畔, 乘船纔渡半江, 遇管餉使柳大華[9]令兄[10], 船上敍話, 半晌[11]而別。午到中和, 主倅出候, 蔡門諸族設小酌而待。暮到黃州, 判官來見, 兵使出巡矣。

4월 10일。맑음.

약간의 원역(員役: 관원과 일꾼)들과 정방산성(正方山城)에 달려가서 별장(別將) 최환(崔渙)과 함께 성 위에 올라가 일일이 자세히 조사하여 살펴보았다. 저물어서 봉산군(鳳山郡)에 이르니, 병사(兵使)가

---

8 差晚(차만): 조금 늦음.

9 柳大華(류대화, 1576~1646): 본관은 文化, 자는 實伯. 한양에서 태어나, 1605년 음직으로 참봉을 지내다가 1618년 증광문과에 급제하였다. 1623년 안악 군수에 임명되었고, 1624년 중화 군수로 李适의 난을 평정하는 데 공을 세워 공신록에 이름을 올렸다. 1626년 4월에 동래 부사로 부임하여 1627년 퇴임하였다. 1639년 동부승지가 되고 병조 참의를 역임하였다.

10 令兄(영형): 형뻘을 높여 이르는 말.

11 半晌(반상): 잠깐 동안. 한참 동안.

순찰차 이곳 봉산군에 도착하였다. 그래서 줄곧 이야기를 나누었
고, 고을 수령과 함께 이은당(吏隱堂: 관아의 내동헌)에서 같이 숙박하
였다.

初十日。晴。

與若干員役, 馳往正方山城[12], 與別將崔渙, 乘城看審[13]。暮到
鳳山郡, 兵相巡到此郡。故直到敍話, 而與主倅同宿吏隱堂[14]。

4월 11일。아침엔 흐리고 낮엔 비.

검수관(劍水館)에서 점심을 먹은 뒤 비를 무릅쓰고 서흥부(瑞興府)
의 용천관(龍泉館)에 도착하였는데, 고을 수령이 나와 기다려서 이
야기를 나누다가 저물어서야 파하였다.

十一日。朝陰午雨。

晝占劍水館, 冒雨到瑞興龍泉館[15], 主倅出候敍話, 至暮乃罷。

12　正方山城(정방산성): 황해도 黃州 남쪽 25리에 있는 옛 성.

13　看審(간심): 일일이 자세히 조사하여 살펴 봄.

14　吏隱堂(이은당): 관아의 內東軒. 관아 동헌을 奉天堂이라 한다.

15　龍泉館(용천관): 조선시대 대중국 사행로인 황해도 서흥도호부 내에 설치된 객사.
　　용천역 또는 용천참으로도 불렸다.

4월 12일。 맑음.

아침밥을 먹고 출발하여 망수관(莣秀館)에서 점심을 먹은 뒤에 저물어서 평산현(平山縣)에 도착하였는데, 고을 수령 이동(李桐)이 찾아와서 이야기를 나누었다.

十二日。 晴。

早食發行, 晝占莣秀館, 暮到平山縣, 主倅李桐來見敍話。

4월 13일。 맑음.

아침 일찍 출발하여 오조천(吾助川)에서 점심을 먹었는데, 우봉현령 조종길(趙宗吉)이 나와 기다려서 이야기를 나누었다. 이곳은 우봉현(牛峯縣)의 경계이다. 한낮이 되어서 개성부(開城府)에 도착하여 곧바로 유수 상공(留守相公)을 뵙고 하처(下處)에 오니 경력(經歷)과 도사(都使)가 함께 찾아왔으며, 저물어서는 숙천 부사(肅川府使) 한민달(韓敏達)과 대정 현감(大靜縣監) 이구(李球)가 함께 와서 이야기를 나누다가 야심한 후에 파하였다.

十三日。 晴。

早發, 晝占于吾助川[16], 主倅趙宗吉, 出候討話。 此地牛峯縣境。 午到開城府, 直拜留守相公, 來到下處[17], 經歷[18]·都使[19]並

---

16 吾助川(오조천): 황해도 金川 서쪽 30리에 있는 개천. 聖居山에서 발원하여 猪灘으로 흘러들어간다.

來見, 昏韓肅川·李大靜, 共來敍話, 夜深而罷。

4월 14일。

이른 아침에 출발하여 장단(長湍)에 도착하였는데, 고을 수령 신해(申垓)는 상경하고 없었다. 갈 때나 올 때 모두 보지 못하여 매우 섭섭하였지만, 비로소 헤어지고 만나는 것도 운수소관임을 알겠다. 대낮에 임진강(臨津江)을 건너 파주(坡州)에 도착하니, 고을 수령 민인검(閔仁儉)이 나와 기다렸다. 저물어서야 고양군(高陽郡)에 이르렀는데, 고을 수령 이문훤(李文蕙)이 찾아왔다.

十四日。

早發, 到長湍, 主倅申垓[20], 上京矣。去來俱不見甚悵, 始知離

---

17 下處(하처): 사적으로 머무는 숙소. 임시로 머무는 곳.

18 經歷(경력): 조선시대 주요부서의 실무담당 종4품 관직.

19 都使(도사): 都使令. 각 관아에서 심부름을 하던 사령의 우두머리.

20 申垓(신해, 1598~1637): 본관은 平山, 자는 仲遠. 조부는 임진왜란 당시 유명한 장군이었던 申砬이며, 부친은 인조반정에 가담하여 선봉장으로 활약한 申景禛이다. 신경진의 막내 동생인 申景禋의 양자로 들어갔다. 1618년 진사가 되었다. 인조반정 당시 국왕을 정성스럽게 모신 공이 있다하여 司僕寺 主簿에 제수되었다. 이후 주로 지방관을 맡아 다스렸다. 1627년에는 이천부사로 재직하였으나 賞加 개정 중에 辭朝한 죄목으로 대간의 탄핵을 받았다. 1632년 배천군수로 재직 시에는 中和縣監으로 재직할 당시 싸움터에 나가기 싫어하여 직무를 유기했다는 죄목으로 탄핵되어 파직되었다. 1637년에는 敦寧府 都正으로 제수되었는데, 재상의 아들과 조카가 세자를 모시고 인질로 잡혀갈 때 이를 따라갔다. 그러나 평안도 永柔에 이르러 旅舍에서 죽으니 이때 나이 40세였다.

合闥數也。午渡臨津，到坡州，主倅閔仁儉出候。暮到高陽郡，
主倅李文蘐²¹來見。

4월 15일. 맑음.

닭이 처음 울 때에 출발하여 해가 돋기 전 경영(京營)에 도착하였
는데, 사촌 동생 이렴(李濂)과 별좌(別座) 정계번(鄭繼蕃)이 찾아와서
이야기를 나누었다. 아침 식사 후에 대궐 안에 들어가 보고하고는
곧장 집으로 돌아오니, 어린 아이들이 문에서 기다리다가 반갑게
맞이하는데 천륜의 도리가 가련하였다.

十五日。晴。

雞初鳴發行，日未出，到京營，從弟濂及鄭別座²²繼蕃，來見敍
話。食後詣闕復命²³，卽爲還家，稚兒輩候門欣接，天理可憐²⁴。

---

21 李文蘐(이문훤, 1574~?): 본관은 新平, 자는 樂而. 1603년에 생원이 되었다.

22 別座(별좌): 佛事가 있을 때에 佛殿에 예물을 차리는 스님.

23 復命(복명): 명을 받들어 처리하고 나서 결과를 보고함.

24 《인조실록》31권, 인조 13년 4월 15일 1번째 기사. "춘신사(春信使) 이준(李浚)이
청나라에서 돌아와 서계하였다. 「봉황성(鳳凰城) 통원보(通遠堡)에서 산요(山拗)까
지의 2백여 리 사이에는 촌락이 황폐하고 성첩이 퇴락되어 있었고, 십리보(十里堡)
에 이르러서야 비로소 오가는 사람이 있었습니다. 심양(瀋陽)에 도착하여 국한(國
汗)이 앉아 있는 마루를 보니 좌우의 호위군이 1백여 명에 불과했고, 문루에 올라서
성의 안팎을 두루 살펴보니 인가는 1만여 호쯤 되었으며 현존하는 인구의 수는 인가
의 수에 못 미치는 듯하였는데, 그제야 비로소 선부(宣府)·대동(大同)의 패전에서
과반수 이상이 죽었다는 설이 헛말이 아니라는 것이 믿어졌습니다. 접대하는 즈음에
은근한 성의는 전보다 더 나았습니다.」"

심양의 이정표 (부록)
瀋陽程堠 附

용만에서 중강까지 10리, 중강에서 구련성까지 10리
自龍灣至中江十里, 自中江至九連城十里

구련성에서 금석산까지 30리, 금석산에서 유전까지 20리
自九連至金石山三十里, 自金石至柳田二十里

유전에서 양참까지 10리, 양참에서 용산까지 30리
自柳田至陽站十里, 自陽站至龍山三十里

용산에서 봉황성까지 5리, 봉황성에서 건자개까지 25리
自龍山至鳳凰城五里, 自鳳城至乾者介二十五里

건자개에서 백안령까지 25리, 백안령에서 송참까지 10리
自乾者至伯顔嶺二十五里, 自伯顔至松站十里

송참에서 옹북하까지 10리, 옹북하에서 팔도하까지 15리
自松站至甕北河十里, 自甕河至八渡河十五里

팔도하에서 통원보까지 40리, 통원보에서 분수령까지 30리
自八渡至通遠堡四十里, 自通堡至汾水嶺三十里

분수령에서 연산관까지 5리, 연산관에서 회령령까지 25리
自汾水至燕山館十五里, 自燕山至會寧嶺二十五里

회령령에서 첨수참까지 20리, 첨수참에서 청석령까지 25리
自會寧至甜水站二十里, 自甜水至靑石嶺二十五里

청석령에서 이목정까지 20리, 이목정에서 두관참까지 15리
自靑石至梨木亭二十里, 自梨木至頭館站十五里

두관참에서 송천사까지 20리, 송천사에서 고려촌까지 25리
自頭館至松泉寺二十里, 自松泉至高麗村二十五里

고려촌에서 난니보까지 30리, 난니보에서 실리보까지 30리
自麗村至爛泥堡三十里, 自爛泥至實伊堡三十里

실리보에서 사하보까지 30리, 사하보에서 혼우강까지 30리
自實伊至沙河堡三十里, 自沙河至混于江三十里

혼우강에서 연청까지 5리, 연청에서 심경성까지 5리
自混于至宴廳五里, 自宴廳至瀋京城五里

이상에서 550리(里)를 식(息)으로 계산하면 18식(息) 10리이다.
自已上五百五十里, 作息十八息[1]十里。

경성(京城)에서 의주(義州)까지의 거리가 1,075리(里)로 식(息)으
로 계산하면 35식 25리이고, 경성에서 심양(瀋陽)까지의 거리가
1,635리로 식으로 계산하면 54식 5리이다.
自京去義州一千七十五里, 作息三十五息二十五里, 自京去瀋
陽一千六百三十五里, 作息五十四息五里。

---

1   息(식): 30리에 해당하는 거리.

1. 이준의 〈심행기정〉 후기(題李浚瀋行記程後) / 성해응

숭정(崇禎) 을해년(1635) 춘정월(春正月)에 무신(武臣) 이준(李浚)이 춘신사(春信使)가 되어 심양(瀋陽)으로 가는 길에서 우연히 포로가 된 우리나라 사람 정명생(鄭命生)이란 자를 만났는데, 오랑캐의 사정을 묻자 답하기를, "지난해 선부(宣府)와 대동(大同)의 전투에서 겨우 살아 돌아온 군인의 수가 모두 2만여 명이고 태반이 죽었소. 장수와 병졸들 모두 굶주려 전마(戰馬)를 죽여서 배를 채우고는 여러 장수들이 모두 걸어서 돌아왔소."라고 하였다.

《명사(明史)》의 〈조문조전(曹文詔傳)〉을 살피면, 갑술년(1634) 7월에 청(淸)나라 사람이 서쪽으로 삽한(挿漢)을 침범하였다가 대동(大同)의 경계 지역으로 다시 쳐들어갔는데, 조문조가 총독(總督) 장종형(張宗衡)과 함께 회인(懷仁)을 굳게 지켜내어 8월에 포위가 풀렸지만 영구(靈邱) 및 다른 둔보(屯堡: 주둔지)들이 대부분 함락되었고 청나라 사람들도 역시 되돌아갔다. 또 〈조변교전(曹變蛟傳)〉을 살피면, 조문조가 대동에서 곤경에 처하자 조변교로 하여금 북상하여 구원하게 하니 7월에 광무(廣武)에서 청나라 사람들을 만나 전공(戰功)을 세웠던 것인데, 이것은 바로 이준이 기록한 바의 선부와 대동의 패배이다. 장정옥(張廷玉) 등이 《황명사(皇明史)》를 편찬하며 감

히 청나라 사람들이 전쟁에서 패배한 것을 쓰지 못했지만 청나라
군대가 또한 되돌아간 것을 쓴 데다 조변교(曹變蛟)가 전공 세운 것
을 언급하였으니, 청나라 사람들이 대패한 것을 곧 알 수 있다.

　생각건대 조변교 등이 어려움으로부터 겨우 스스로를 벗어났을
것이지 끝까지 추격해 완전한 승리를 거두지 못했을 것이다. 만일
끝까지 추격할 수 있었다면 어찌 한 사람이라도 돌아올 수 있었으
랴. 조문조(曹文詔)는 유구(流寇)에게 죽고 조변교는 송산(松山)에서
죽었다. 이준(李浚)도 나중에 의주 부윤(義州府尹)이 되었는데, 청나
라 사람들의 경멸하는 편지를 받지 않은 것으로 이름이 세상에 알
려졌다.

　崇禎乙亥春正月, 武臣李浚, 爲春信使, 入瀋陽。路遇我被擄
人鄭命生者, 問胡中事, 答云: "前年從宣大之戰, 僅得生還, 軍
合二萬餘。太半死亡。將卒俱困, 殺戰馬充饑, 諸將皆徒步而
還." 案明史曹文詔[1]傳, 甲戌七月, 清人西侵挿漢[2], 還入大同境,
文詔偕總督張宗衡[3], 固守懷仁[4], 八月圍解, 靈邱[5]及他屯堡多失

1　曹文詔(조문조, ?~1635): 명나라 숭정 연간의 將領. 山西省 大同 사람으로 용기와
　지략이 있는 훌륭한 장수이었고, 總兵을 지냈다. 1635년 湫頭鎭 전투에서 중과부적
　으로 자진하고 말았다.
2　挿漢(삽한): 중국 河北省 居庸關 밖 萬里長城 북방의 지역. 명나라 때 몽고족 차하르
　(Chahar)部가 駐牧하던 곳이다.
3　張宗衡(장종형, ?~1642): 명나라 숭정 연간의 관료. 山東省 臨淸 사람이다. 大同
　巡撫를 지냈다.
4　회인(懷仁): 중국 山西省 朔州市 회인현.

陷, 而淸人亦旋。又曹變蛟[6]傳, 當文詔之困於大同也, 命變蛟北援, 七月, 遇淸人廣武, 有戰功, 此浚所錄宣大之敗也。張廷玉[7]等, 脩皇明史, 不敢書淸人敗衄, 然書淸兵亦旋, 又言變蛟有戰功, 則淸人之大敗, 卽可知也。想變蛟等, 僅得自救。不能窮追獲全功也。如能窮追, 則豈有一人還哉? 文詔死於流寇[8], 變蛟死於松山。浚亦後爲義州府尹, 不受淸人嫚書[9], 有名。

成海應, 《硏經齋全集》續集 冊15 〈風泉錄·題李浚瀋行記程後〉

---

5 靈邱(영구): 중국 山西省 靈邱縣.

6 曹變蛟(조변교, 1609~1642): 명나라 숭정 연간의 장수. 曹文詔의 조카이다. 山西省 大同 사람으로 용기를 몸에 지녔다. 洪承疇를 따라 松山에서 싸우다가 붙잡혀서 죽었다.

7 張廷玉(장정옥, 1672~1755): 淸나라 사학가. 世宗의 명에 의해 《明史》를 지은 사람이다. 뛰어난 문장 솜씨로 능력을 인정받아 강희, 옹정, 건륭 세 황제를 거쳐 요직을 역임하였다.

8 流寇(유구): 군대의 도망병, 반란을 일으킨 變兵, 파직된 驛卒, 飢民 등의 유민. 이들의 활동은 처음에 섬서와 산서 일부로 한정되었고 명확한 정치 목표도 없었으나, 1633년부터 하남·호광(호남 호북)·남직예·사천 등으로 활동 구역이 확대되었다.

9 嫚書(만서): 경멸하는 내용의 편지.

2. 저자 이준과《귀래정유고》에 대한 간략 소개

이준(李浚, 1579~1645)은 전라남도 강진군 성전면 금당리(옛 명칭
은 金興) 출신이다. 본관은 원주(原州), 자는 형지(洞之), 호는 귀래정
(歸來亭)이다. 그의 선조 가운데 강릉부사를 지낸 이영화(李英華)가
전라도 입향조이고, 그 손자로 무장현감(茂長縣監)을 지낸 이남(李
楠)이 터를 잡은 금당리는 세거지가 되었다. 그의 아들 이연복(李延
福)이 광양군수를 지냈는데, 바로 이준이 그의 둘째아들로 강진 금
여(金興) 고리(故里)에서 1579년 9월 6일 태어났다. 2살 때 아버지를
여의었으며, 1595년 17살 때 경주김씨에게 장가갔다. 1599년 향시
에 합격해 1600년 사마시에 합격하고 1606년 무과에 급제하여
1607년 함경도 관찰사 이시발(李時發)이 포루(砲樓)와 성곽을 수축
하는데 첨정(僉正)으로서 좇았으며, 1610년 선전관, 1611년 비변랑
(備邊郎)을 거쳐 1612년 부호군(副護軍)에 승진해 군기시 판관(軍器寺
判官)이 되었다. 이때 이이첨(李爾瞻)의 인목대비 폐모론(廢母論)이
나오자, 고향에 은거하였다. 1623년 인조반정 이후로 예조좌랑,
훈련첨정, 1624년 벽동 군수(碧潼郡守), 운산 군수(雲山郡守)를 거쳐
1625년 안주 중군(安州中軍)으로서 철옹산성(鐵甕山城)을 수축하였
고, 1629년 안흥 첨사(安興僉使)가 되어 1630년 4월 수군을 이끌고

서 가도(椵島)를 정벌하였다. 안흥은 조선시대를 통하여 삼남지방의 세곡과 특산물을 실은 배가 통과하거나 군선(軍船) 등의 정박지로서 국방의 요새지였는데, 이때 가도에서 유흥치(劉興治)가 부총병(副總兵) 진계성(陳繼盛) 등을 죽이고 모반을 꾀하자, 조선은 부원수(副元帥) 정충신(鄭忠信)으로 하여금 5도 수군을 거느리고 토벌케 하니 이준(李浚)도 중군(中軍)으로서 종군하였던 것이다. 1631년 선천 부사(宣川府使)가 되어 검산산성(劍山山城)을 신축하였다. 1635년 춘신사(春信使)로서 심양(瀋陽)을 다녀온 뒤 겨울에 의주 부윤(義州府尹)을 거쳐 1637년 안주 목사(安州牧使), 1638년 영변 부사(寧邊府使), 1641년 철산 부사(鐵山府使), 1642년 춘천 부사(春川府使) 등을 지냈다. 1645년 12월 3일에 향년 67세 일기로 생을 마감하였다. 전라남도 해남(海南)의 영산사(英山祠)에 배향되어 있다. 영산사는 1732년에 건립된 것으로 원주이씨 사우(祠宇)이다.

   이준의 《귀래정유고(歸來亭遺稿)》는 필사본으로 1924년에 간행된 것이 있고, 석판본으로는 1938년 전라남도 해남군 마산면 추원당(追遠堂)에서 간행한 것이 있다. 이 석판본은 4권1책으로 크기가 29×20.5㎝인데 국립중앙도서관 소장되어 있다. 그 편차는 다음과 같다.

   권1   세덕록(世德錄)
          귀래정유고서(歸來亭遺稿序)

　'세덕록'은 알평(謁平)을 시조로 하는 경주이씨의 13대 이신우(李申佑)를 시조로 받들면서 경주이씨로부터 분적하여 본관을 원주(原州)로 삼은 것과, 경기도 광주(廣州)에서 전라남도 해남군 마산면 산막으로 내려온 이영화(李英華)가 입향조인 것을 밝히며 이준(李浚)에 이르기까지 직계세계와 이준의 약력을 기술해 놓았다. 참고로 이춘계(李椿桂)를 시조로 원주이씨도 있음을 밝혀둔다.

　'귀래정유고 서'는 1794년 송환기(宋煥箕, 1728~1807)에 의해 지어졌는데, 그의 선조 우암 송시열(宋時烈)이 지은 〈삼학사전(三學士傳)〉에서 홍익한(洪翼漢)이 이준(李浚)에 대해 언급한 "신이 일전에 의주 부윤(義州府尹) 이준(李浚)의 장계(狀啓)를 보니, 바로 금나라 칸(金汗)이 황제(皇帝)라 자칭한 일이었다. 그래서 이준이 하늘에는 두 개의 태양이 없다는 등의 말로 그들을 물리쳤으므로, 신은 자신도 모르게 기뻐서 한없이 펄펄 뛰면서 우리 조정의 예의(禮義)와 명분(名分)이 너무도 빛남을 더욱 알게 되었습니다. 활[弓]을 가진 하찮은 무부(武夫)도 오히려 스스로 지킬 줄을 알아 이처럼 늠름하게 굴하지 않고 항거하였는데, 하물며 성상(聖上)의 묘당(廟堂)에 있는 제신(諸臣)들이야 어찌 한 무부(武夫)만 못하겠습니까."를 인용하며 이준(李浚)의 기개와 절조를 높이 평가하였다. 이준의 후손 이인식(李仁植)[10]으로부터 부탁을 받아 서문을 쓰게 된 내력을 밝히고 있다.

'귀래정유고 발'은 1801년 심문영(沈文永)에 의해 송환기(宋煥箕)와 같은 취지로 지어졌다.

'귀래정 고요'는 제목만 있을 뿐 내용이 없다.

'계보'는 이른바 이준의 연보(年譜)인데, 앞서 이준을 소개하는데 바탕이 된 자료이다. 이 세상에 태어날 때부터 생을 마감하기까지 연도별로 기억되어야 할 것들이 정리되어 있다. 1580년 두 살 때 부친을 여의고, 1608년 30세 때 모친을 여의었다. 생을 마감하기까지 시가 20편 가량 창작한 것으로 기록되어 있는바, 1607년, 1608년, 1624년, 1625년, 1628년, 1633년, 1634년, 1636년, 1637년, 1641년, 1642년, 1643년 각 1편씩, 1629년, 1640년 각 2편씩, 1630년 4편 등이다. 그리고 1595년 경주김씨와 결혼한 이후 자식 복에서 참으로 불행을 겪은 것으로 보인다. 1597년에 낳은 아들 성난(成蘭)이 1605년 요사하고, 1599년에 낳은 정규(廷葵)가 1605년

---

10 宋煥箕, 《性潭先生集》 권13의 〈歸來亭李公實蹟錄序〉에는 '李仁珏'으로 나온다. 이준의 후손인 한려대 이중효 교수에게 문의한 결과, 집안에 소장하고 있는 문헌에는 이인식으로 되어 있지만, 족보에는 수록되지 않아 생몰년을 알 수 없다고 하였다.

8월에 요사하고, 1602년 4월에 낳은 아들 정명(廷冀)이 5월에 요사하고, 1617년 10월에 낳은 아들 정훈(廷薰)이 1618년 4월에 요사하고, 1620년 8월에 낳은 아들 막발(莫發)이 1623년 5월에 요사하고, 1626년 윤6월에 낳은 서자 정협(廷莢)이 1627년 10월에 요사하고, 1626년 윤6월에 낳은 정무(廷茂)가 1629년 4월에 요사하고, 1629년에 낳은 서자 철견(鐵堅)이 1636년 9월에 요사하고, 1634년 12월에 낳은 서자 정혜(廷蕙)가 1639년 6월에 요사하고, 1637년에 서자 철향(鐵香)이 태어나 4월에 요사하였기 때문이다.

'가도종정'은 평안도 앞바다의 가도(椵島)에서 유흥치(劉興治)가 부총병 진계성(陳繼盛) 등을 죽이고 반란을 일으키자, 조선의 부원수 정충신(鄭忠信)이 5도의 수군을 이끌고 토벌하러 갈 때, 이준(李浚)도 참여했음을 밝히며 참여자에 대해 간략히 소개하는 글이라 하겠다. 그 명단은 곧, 부원수 정충신, 종사관 신계영(辛啓榮), 종사관 강진흔(姜晉昕), 중군 이준, 천총 엄황(嚴愰), 별장 김효결(金孝潔)·황박(黃珀), 전부대장 신경인(申景禋), 중부대장 송영망(宋英望), 후부대장 류응형(柳應泂), 안평대장 이경정(李慶禎), 우척후장 이준(李濬), 복병장 진무성(陳武晟), 권형(權炯), 안식(安湜), 김철명(金喆鳴), 남숙(南淑), 김영복(金永福), 류도원(柳道元), 변이진(邊以震), 이지언(李祗言), 고득준(高得俊), 소혜(蘇蕙), 장훈(張曛), 소계영(蘇啓榮), 백현민(白賢民), 신홍일(申弘馹), 채문진(蔡文震), 송진(宋震) 등이다.

'심행일기(瀋行日記)'는 이 책에서 번역되고 주석되어 있다. 이준

(李浚)이 1635년 1월 20일부터 4월 15일까지 춘신사(春信使)로서 심양(瀋陽)에 가 세폐(歲幣)문제를 논쟁하여 시정하고 돌아온 과정을 기록한 일기이다.

'귀래정유고 후'는 족후손(族後孫) 이시헌(李時憲, 1803~1860)의 유집후가 있고, 9세 족손 이흠(李鈌, 1842~1928)의 발문이 있다. 후손들이 이준의 공적을 기리고자 한 뜻을 서술한 것이다. 이시헌은 백운동(白雲洞)에 거주하면서 다산 정약용(丁若鏞)의 제자가 되었던 인물로《자이선생집(自怡先生集)》이 있으며, 이흠은 월남리(月南里)에 거주하였고《계양유고(桂陽遺稿)》를 남긴 인물이다. 이시헌은 이준의 공적이 이에만 그치지 않겠으나 후손이 미약하여 심행일기, 가도종정록(椵島從征錄) 및 시집(詩集) 1책이 겨우 남아 있는데, 오래되면 될수록 산일될까 두려워 심행일기를 수록해 가도종정록을 덧붙이고 그 연보의 중간에 시를 삽입하여 후손에 전하고자 유고집을 간행한다고 밝혔다. 이흠은 이준이 심양에 가서 세폐(歲幣)의 문제를 시정한 것에 대해 높이 평가하는 발문을 썼다.

3. 이준의 춘신사행 배경

《귀래정유고(歸來亭遺稿)》권2 〈계보(系譜)〉를 보면, 이준(李浚)이 1635년 춘신사로 가게 된 배경을 다음과 같이 밝히고 있다.

이때 후금의 칸(汗)이 몹시도 치성하여 계유년(1633) 봄에 노사(虜使: 청나라 사신)를 보내어 세폐(歲幣: 일종의 공물)를 요구하였는데, 조정에서는 허락하지 않고 신득연(申得淵)을 파견하여 이를 알리게 하였다. 신득연이 심양(瀋陽)에 도착했지만 내쫓겨나 도로 돌아왔던 데다 또 김대건(金大乾)을 파견하며 다시 세폐를 따르기 어렵다는 뜻을 펼치려 하자, 병판(兵判: 도원수의 잘못) 김시양(金時讓)이 김대건을 만상(灣上: 의주)에 머무르게 하고 상소하기를, "국가의 강약이 같지 않을 경우에 세폐를 허락함은 한나라와 당나라도 면하지 못하였던 것이니, 그것으로써 그들과의 친선을 잃어서는 안 되옵니다." 하였고, 정충신(鄭忠信)도 또한 상소하였다. 이에 임금이 하교하기를, "김시양과 정충신이 그 목숨을 잃을까 두려워 함부로 사신을 머무르게 하여 인심이 위축되게 하니, 그들의 머리를 베어 여러 사람을 경계하고자 한다."고 하였지만, 이내 사형을 감하여 정배하라고 명하였다. 김시양은 영월(寧越)에 정배되고, 정충신은 장연(長淵)에 정배되었다. 임금이 친히 정벌하겠다며 송경(松京)에 잠시 머물렀지만, 김대건이 강을 건넜으나 오랑캐의 국경 안에 들어가지 못하고 돌아왔다. 임금이 비로소 두려워하여 세폐를 허락하고 춘신사 박노(朴簹), 부사로 나경회(羅經繪)를 삼아 보내었다. 예단은 오색명주, 모시·목화 각 800필, 표범가죽 60장, 수달가죽 300장, 상화지 800권 등을 해마다 이것으로 규례를 삼았다. 국서에 대략 이르기를, "옛사람은 정을 참작하여 예를 제정하고 재물로 인하여 폐백을 제정하였는데, 지금 이 예물단자는 귀국에서 말한데 대하여 금은각궁(金銀角弓) 등 우리나라의 토산품이 아닌 것 외에는 모두 힘닿는 대로 결정했소이다."고 하였다. 이때에 이르러 공은 특별히 춘신사로 제수되어 임금에게 하직 인사를 하니, 임금이 따뜻한 술을 하사하였다. 3월 심양에 들어가 세폐를 시정한 공이 많이 있었는데, 심양일기에 상세히 기록되어 있다.

(時金汗甚盛, 癸酉春虜使請歲幣[1], 朝廷不許, 遣申得淵報之。 得淵到瀋, 見黜而還, 又見金大乾[2]更申歲幣難從之意, 兵判金時讓, 留大乾于灣上, 上疏曰: "強弱不同, 歲幣漢唐所不免, 不可失其懽意." 鄭忠信亦疏。 上曰: "金鄭畏其喪元[3], 擅留使臣, 以沮人心, 欲斬首警衆." 乃命減死而配。 金時讓于寧

---

[1] 歲幣(세폐): 예물로 해마다 보내는 물품.
[2] 金大乾(김대건): 인조실록 11년(1633) 1월 29일조 9번째 기사. 김대건을 오랑캐에게 보낼 回答使로 차임하였는데 비국이 천거하였다.
[3] 喪元(상원): 목숨을 잃음.

越, 鄭忠信于長淵。上親征駐蹕松京, 金大乾渡江, 不得入虜
境而還。上始懼許歲幣, 遣春信使朴簹, 以羅經繪爲副。禮單
則各色[4]縣紬, 苧麻·木縣各八百匹, 豹皮六十張, 獤皮三百張,
霜華紙八百卷, 歲以爲規。國書略曰: "古人因情制禮, 因財制
幣, 今者禮單, 就貴國所言, 金銀角弓非土産之外, 並稱力勘
定."云。至是公特除春信使辭陛, 上宣醞。三月入瀋, 多有歲
幣釐革之功, 詳載瀋陽日記.)

1627년 정묘호란 이후, 조선과 후금의 양국 관계는 아시다시피
형제관계를 기본바탕으로 하였다. 춘신사(春信使)·추신사(秋信使)의
내왕, 세폐(歲幣) 및 개시(開市)의 문제, 피로자(被擄者)의 쇄환(刷還)
등이 현실적인 문제들로 부상하였다. 이 가운데 위의 인용문에서
보듯 세폐 문제가 정치적 경제적으로 가장 중요한 현안이었다. 조
선은 처음부터 부자(父子)의 나라인 명나라에 대한 예와 형제(兄弟)
의 나라인 후금에 대한 예가 같을 수 없다는 것이었지만, 후금은
형식이야 비록 형제일지라도 내용은 명나라와 같아야 한다고 생각
했기 때문이다. 이러한 첨예한 대립은 1630년대에 들어 후금이 내
몽고 방면으로 세력을 확대하고 대명 정벌을 꾀하면서, 조선이 해
마다 세폐를 줄인다며 시비를 걸고 증폐(增幣), 차병(借兵), 조선(助
船) 등을 더 강압적인 태도로 요구하는 데서 최고조로 달했다.

---

4 各色(각색): 五色의 오기인 듯.

《인조실록》11년(1633) 1월 25일조[5]를 보면, 심양으로 회답하러 간 사신 신득연이 예물을 전하지 못하고 돌아와, "소호(所胡) 등이 날마다 와 힐책하면서 군대를 지원하라, 배를 빌려 달라, 사신을 끊으라는 등 모욕하는 말이 갈수록 극심하였고, 또 예물이 그들의 마음에 차지 않는다 하여 끝내 받아주지 않기에 삼가 하나도 손상하지 않고 그대로 가지고 왔으며, 그들이 답한 국서(國書) 및 무역의 시장을 여는 데 대한 조약문서와 새로 정한 물품의 건수를 모두 등서하였다."고 하면서 후금 홍타이지의 답서를 받아왔는데, 이러하다.

"내가 이번에 물건 수를 많이 정한 것은 탐하는 마음에서가 아니오. 다만 정성과 믿음으로 우호를 돈독히 하려는 것이었는데 정의가 점점 쇠하여 이익을 탐한다고 기만하니 실로 내 마음과는 다르오. 귀국이 명나라에 바치는 것은 몹시 번다하고, 사신이 왕래할 때 기만과 탐색을 한없이 한다고 하는데, 어찌하여 이것은 달게 받아들이면서 유독 우리나라에 주는 사소한 물건에는 원망을 하오. 더구나 귀국이 준 물건은 본래 정으로 준 것이 아니며 또 우리가 요구한 것도 아니었소. 이는 귀국이 까닭 없이 명나라를 도와 우리나라를 침범하였기에 하늘이 벌을 내려 준 것이니,

---

5 《인조실록》과 관련한 인용문은 국사편찬위원회의 사이트에서 제공하고 있는 번역문을 인용한 것임. 이하 동일하다.

우리가 그 숫자를 정한 것이 실로 이 때문이오. 1년에 두 차례가 불가능하다면 한 차례로 하는 것도 좋겠으나 다만 예단과 교환하는 물건이 점점 적어지고 질이 나빠 심히 간과할 수 없었소. 만약에 우리의 말을 따라주지 않는다면 서로 왕래를 끊고 물건만 무역하는 것이 좋겠소. …〈중략〉… 귀국이 금은과 비단은 토산이 아니라고 말하지만 남조와 끊임없이 무역하고 있다는 것을 나는 잘 알고 있소. 귀국의 토산이 아니더라도 남조에 어찌 그 물품이 없겠소이까. 그전에는 남조를 도와 우리를 침략하였으니 지금 또한 우리를 도와 남조를 공격해야 할 것이오. …〈중략〉… 병선과 예물 이 두 건을 만약 모두 허락하지 않는다면 사신을 다시금 왕래하지 못하게 할 것이고, 만약 정한 수대로 따라 준다면 서로 왕래하게 하되, 사신으로 하여금 남조의 사신처럼 기만과 강탈을 하지 못하게 하겠소."

후금이 세폐를 늘려서 황금 1만 냥, 오색포(五色布) 10만 동(一同은 50疋) 은(銀) 1만 냥, 백저포(白苧布) 1만 동, 정병(精兵) 3만 명, 전필(戰馬) 3천 필을 요구하자, 조선은 조선(助船)·동맹(同盟) 등의 요구를 사절하며 세폐로서 호피(虎皮)를 황금으로 대신하고 그 외의 것은 반감해 주도록 교섭하려 했다. 그래서 신득연을 파견했지만, 그는 성공하지 못하고 돌아왔던 것이다. 이에 대해, 인조는 《인조실록》 11년(1633) 1월 29일조를 보면, 다음과 같이 교서(敎書)를 내렸다.

"국가가 불행하여 강한 오랑캐와 가까운 이웃을 삼았다. 그들은 오로지 속임수와 폭력을 능사로 삼아 천지 순역(天地順逆)의 자연 도리를 아랑곳하지 않고 있어서 인도(人道)로 책망할 수 없었기 때문에 내가 즉위한 이래 일찍이 한 차례 사개(使介)도 왕래시키지 않았다. 그러자 정묘년 봄에 그들이 군사를 일으켜 우리나라 변방에 기습하였다. 뜻밖에 발생한 일이어서 열진(列鎭)이 와해되어 1순 내에 갑자기 문정까지 박도하였다. 이에 나는 종사와 생령의 대계(大計)를 생각하고 잠시 관계를 맺기로 허용하여 화를 늦추는 소지로 삼았다. 그런데 지금 노적(虜賊)이 이리처럼 한없는 욕심을 품고 온갖 방법으로 구색하다 우리가 보낸 폐물을 되돌려 보내면서 우리에게 폐물을 더 내라고 협박하였다. 심지어는 글을 보내업신여기고 방자하여 무례하기 그지없었다. 그 첫째는 중국의 사신처럼 대접해 달라는 것이며, 둘째는 배를 빌려 주고 군사를 지원해 달라는 것이었으니, 이는 신자로서 차마 들 수 없는 일이다. 이는 대의에 관계되어 다른 일은 돌아볼 겨를이 없는 것이기에 사람을 보내 절교를 고하고 맹약을 어긴 데 대해 힐책하였다. …〈중략〉… 진실로 각각 충의를 가다듬어 상하가 함께 원수에 대항한다면 천리의 강토로 남을 두려워할 것이 있겠는가. 이 뜻을 잘 알아 두었다가 후일의 하명을 기다리라."

이 교서를 내린 날, 조선은 김대건(金大乾)을 후금에 보내는 회답사로 삼았다. 《인조실록》 11년 2월 2일조를 보면, 그가 가지고 갔던 국서는 이러하다.

"우리 두 나라가 형제의 우의를 맺고 봄가을로 빈번히 사신을
왕래시키면서 5, 6년 동안 조그마한 불화도 없었소. 다만 봄가을
로 무역 시장을 열 때 귀국의 상인이 공평한 값으로 무역하려
하지 않았기 때문에 우리나라의 상인들이 다투어 도피하였을 뿐
이었소. 나는 두 나라 사이의 불화가 여기에서 생길까 매우 염려
하여 사신이 올 때마다 누누이 설명하였으니, 또한 귀국이 아는
바일 것이오. 지난해 가을 정익(鄭楒)이 돌아오는 편에 귀국의
글을 받은 바, 고아차(庫兒叉)가 결정한 예물을 들어 말하였소.
우리나라 군신들이 모두 말하기를 '해마다 바치는 예물은 따로
정해진 규례가 있는데, 지금 까닭 없이 증가하는 것은 불가하
다.' 하기에, 내가 이르기를 '연전에 보낸 예물은 실로 약소하였
던 것 같다. 이는 나라가 가난한 소치이기는 하나 마음에 몹시
미안하다. 재력을 헤아려 예물 수를 더하는 것도 불가하지 않
다.'고 하였소. 지난해 가을 박난영이 갈 때에는 마침 큰 환을
당하여 갖추어 보내지는 못하였으나, 나의 마음에는 이만하면
되겠다고 여기었소. 그런데 귀국은 이 심정을 이해하지 못하고
갑자기 쌀쌀한 기색을 보여 사신이 면접하지 못하는가 하면 국
서에 대한 회답도 없기에 나는 너무도 괴이하게 생각하였소. …
〈중략〉… 이에 사신을 보내 거듭 나의 뜻을 알려드리는 것은 선
뜻 생각을 바꾸어 주었으면 하는 기대가 있어서이오."

　그런데 회답사 김대건이 압록강을 건너려 할 때, 뜻밖에도 도원수 김시양(金時讓)과 부원수 정충신(鄭忠信)이 그 회답사 일행을 의주에 머물게 하는 일이 벌어졌다. 이들은 "노추(奴酋)의 공갈이 비록 흉패하기 그지없으나, 소호(所胡)가 말한 수량에 따라 받고자 함이 그의 본심이다. 그가 말한 '배를 빌려주고 군사를 지원해 주라.'는 것은 가설적으로 이 말을 하여 우리들로 하여금 어려운 일을 사양하고 쉬운 일을 하게 하려는 것에 불과하다."고 하면서 증폐(增幣)하는 것이 좋겠다는 뜻이었다. 이 이후에 벌어진 일은 앞서 인용한 《귀래정유고》의 〈연보〉에 언급되어 있는 바이다.

　조선에서는 후금의 무례한 태도에 격분하였으니, 인조(仁祖)가 친정(親征)을 위하여 군비를 갖추고 그 길에 오르려고 한 일도 있었다. 회답사 김대건은 우여곡절 끝에 심양에 갔지만 소임을 완수하지 못하고 돌아왔다. 그가 받아온 답서는 이러하다.

　　"내가 누차 글을 보내 바른 말을 하면서도 뜻을 너그럽게 한 것은 대개 왕께서 스스로 깨달아 고쳤으면 해서인데, 도리어 나를 보고 변심하였다고 할 줄 누가 생각이나 하였겠소. 맹약한 이래 왕이 마음을 변하였지, 내 뜻은 변한 적이 없었소이다. …〈중략〉… 왕이 변심한 점을 다시 대략 말하려 하오. 귀국이 일찍이 우리나라 사신을 남조(南朝)와 동일하게 접대해 준다고 허락하였으나 지금에 와선 이미 달랐고, 일찍이 도망간 우리의 백성을 돌려보내기로 허락하고서 온갖 방법으로 거절하였으며, 일찍이 도인(島人)의 상륙을 허용하지 않는다고 허락하였는데 지금 이미 그들이 상륙하여 경작하고 있으며, 경작만 용납할 뿐만 아니라 도망인을 도중(島中)으로 은닉시키기까지 하였소. 만일 실례를 들라고 하면, 내 이름 없는 백성은 말하지 않겠소이다만 우리의 반장(叛將) 유애탑(劉愛塔)은 귀국의 송치에 달렸었고, 그의 아우 유오(劉五) 또한 귀국의 송치에 달렸었소. 또 일가의 아우를 친 아우로 사칭하여 나를 속였소. 이처럼 누차 변심하였기 때문에 내가 폐물을 증가하자고 말한 것이오. 만약에 귀국이 폐물을 증가하고 싶지 않다면 사리를 들어 말해야지 어떻게 자신의 비행은 엄폐하고 남에게 잘못했다고 둘러씌워 우리의 무역 길을 막으면서 하늘을 부르짖으며 함부로 입을 놀릴 수 있겠소이까. 그러나 하늘은 밝게 살피고 있으므로 시비가 저절로 가려질 것이오."

후금은 이렇듯 힐책을 하면서 국왕의 족제(族弟)를 친제(親弟)라고 사칭한 것과 개시를 단절한 것을 더 언급하였지만, 그들의 본심은 증폐에 있었던 것이다. 이에 인조는 세폐를 허락하고 춘신사 박노를 파견하였는데, 《인조실록》 11년(1633) 6월 16일조를 보면 후금의 서한에, 첫째 인구 증가로 인하여 차량(借糧)을 요구하는 것, 둘째 보내온 예물의 내용과 수가 부족하여 형제의 예에 어긋난다는 것, 셋째 의주 개시를 시행하라는 것 등이 언급되어 있었다. 이 증폐(增幣)에 대한 문제를 해결하고자 1635년 1월에 떠난 것이

바로 이준의 춘신사행이었던 것이다.

결국, 1630년대 조선은 명나라를 위한 적극적인 행동이야 하지 못했어도 후금의 강병에 도움이 될 만한 조병(助兵)과 차선(借船)에 대해서는 거절하는 수준에서 사대와 교린 사이의 현실적 벽과 부딪쳐야 했다. 신흥강국으로 떠오르고 있던 후금에 대해 교린의 상대로만 여기려 했지만 끝내 사대의 상대로 인식할 수밖에 없는 단계로 넘어가는 과도기적 시기의 사신들이 겪어야 했던 현장의 생생한 모습을 그려낸 것이야말로 이 시기의 실기문헌이 가지는 의의라 하겠다.

찾아보기

영인자료

〈심행기정瀋行記程〉
《研經齋全集》外執 권40, 국립중앙도서관 소장

〈심행일기瀋行日記〉
《歸來亭遺稿》권4, 1938년 간행, 국립중앙도서관 소장

여기서부터는 影印本을 인쇄한 부분으로 맨 뒷 페이지부터 보십시오.

守。八月圍解。即移駐鎭城挑戰敗還。已而靈邱
及他屯僅多失陷而淸兵亦旋。以上見曹當文
詔之困大同命變蛟此授七月遇淸兵廣武有
戰功。以上見曹帥卽後所錄宣·大之敗也明史
出曰張廷玉等手几淸之遇四回者並皆諱之如
松錦大捷亦只書圍解而寧遠戰功只爲我譯
韓瑗而傳之東上宣·大之敗諒非小四但無以
得其詳是可歎也變蛟文詔之兄子也後死松
山。

田氏詰命録

33

聽。至甲時始出場門止宿于八渡河川邊。胡人等驅牛而到又棄去後以為棄於無人處空得受牛之名。莫若傳授義州用濟胡差之為愈。授義州護行軍。以付府尹。

渡酉時僅越鴨江。

二十八日曉發。朝飯于松站川邊宿於鳳凰城川邊。

二十九日早發朝飯于細川未時到中江舩窄不能

研經齋全集　外集　卷四十

崇禎甲戌七月。清人西侵柿漢遷入大同境。攻拔得勝堡恭将李全自經遂攻圍懷仁縣及升坪堡應州曹文詔偕総督張宗衡先駐懷仁圖

胡中事荅曰上年從宣‧大之戰僅得生還軍合二萬
餘而太半死亡將卒俱困畫後戰馬而充饑諸將皆
徒步以還。午後越會寧嶺止宿于嶺底烟臺。
二十六日朝飯于汾水嶺底川邊暮到通遠堡露宿
扵川邊護行將胡等以汗言寧牛一首以為饋没以
其半給負役半給胡人等。
二十七日早食而發到場門護行胡等遮截扵場門。
使一行人馬不得出門曰。汗為使臣追送舘中饋牛。
一首不能步置甜水站來此者五首也使臣不受吾
等必受重罪不可開門胡譯權仁祿或嗔或喻終不

到宴廳設餓宴。午渡混于江暮宿寶伊堡。

二十三日。食後發去祿馬于爛泥堡。止宿於高麗村。

汗擇館中留半堪步者六首別定差胡追送於此沒。

拒不受。

二十四日。食後渡太子河祿馬子安平川邊暮宿於
梨木亭姐臺擴漢陳三家胡譯權仁祿與陳相熟客
問事情。荅曰。目自宣天之敗。兵數甚少欲補其關分送
若于軍馬於西止鯡有所覆宣能世。

二十五日。食後踰青石嶺祿馬于甜水站川邊戍午

被擄人全州東伍軍鄭命生輸糧草胡譯金命吉間

30

一六六

行每每言之逺無皂白未知其由也使臣須以此歸
報朝廷我差之去亦當言後曰此言云何再昨俺
等提起此言俺不曰禮單事癸酉使行已講定云耶
無理之言何敢上達於 君父子龍胡曰惟朴叅判
知之使臣不知朴叅判即朴簿也没荅曰俺亦一朝
臣也如此大事朴簿宣獨知之若有未凖之數再
俺何以果已講定不須更言爲荅字擄俺兩荅與朴
簿完定明白無親何乃更發閙端宇龍胡等更不強
詰勅然起去食後治發東西館饋牛餘者十六首計
授於館直胡草員俟出館門外龍滿馬三胡已柬共

子欲得二萬箇以爲宴席之光俺曰此果朝鮮之賤
果當言于使臣我差之去整送人馬可以載來汗及
諸王子皆曰可及送人馬貴國送之甚少俺之無顏
如何浚曰此物産於南方距京三千里且九十月乃
其節也冬深則爛不得多送宣情薄而然也龍胡又
曰地遠節晚俺亦知之但及其節而運致於義州則
我人當輸來浚曰此非便臣而可擅斷當歸報朝廷
二十二日早朝龍骨太滿月介班志友馬夫大平古
等來示汗書仍曰禮單講定時金銀黑角則非貴國
而産不論也其餘宜一依約系貴國使臣及我差之

研經齋全集 外集 卷四十

二十一日早朝滿月介與博氏胡班志友李承佐等
持汗書草而來示一則國書而答一則別書也而會
寧開市易遣差官事及潛採者鍾城人三名出送等
事果並載於別書�%見別書中有馬胡驍慓事即詰
問於馬胡曰我國待備等至矣備何敢做此無理之
言至告汗耶備等言不足以喜怒然上年到義
州爲漢人攔阻我國極力護送何爲托之以疑恐憂
及遣發此言耶馬胡面報不答龍胡曰凡大小事不
可不告汗前宣有他我干後龍骨大與馬夫大來言
曰紅柿乃我國琢果也上年秋信使之還汗及諸王

而貿來何如。浚荅曰。此物原非我國之所產來目
天朝貿得極難。商賈爲得以販鬻乎。胡人惟二而去。
干後龍胡又與滿胡來言曰。會寧之市分遣差官與
潛採人出送事上年秋信使力陳而未遂今俺等爲
使臣周旋已得停當並載於國書潛採者三人卽押
來俺等厚義使臣其知之耶。何設上馬宴威備宴需
而東西館商賈六人并一床滿胡以汗言給鞍具馬
一匹。貂皮十五領人蔘五斤浚圖辭不受滿胡等曰。
俺等奉差貴國。國王厚賜賞物我國物力殘薄禮。
物些少若辭而不受則汗必不安仍爲棄寘而去。

單事。癸而春信使朴鬐之行旣講定。數年而後提起

此言極可恠也。龍胡揮手而言曰此事果已講定不

須更言。又曰貴國設司貨八局。應我國八營之貨何

如浚曰我國之貨。戶曹主管而京有平市外有管餉

惟患辛無貨不患酬應何以加設剩官乎龍胡曰管

餉得八人而當之且雖有其人必以管餉使括据轉

可設八人而應之如何浚曰司貨者如其私貨則或

換之物只許給而已得八人豈有益哉是以俺之爭

减蔘貨者爲此故也。龍胡不答而言他曰我國欽天

池崔古茶無誑得之間是貴國之産。使商賈除南草

門公家西民家未滿千戶。城外四面人家幾至萬餘
戶。但人物鮮少膳夫胡西吡介等五人先備宴具以
待設酌滿胡把盂勸浚曰此汗亦飲槳燒酒也。汗
爲使臣而致之極飲盡醉浚三酌而罷還到館門外。
滿胡上馬相揖而去。且南門第三層有三穴。鈇三十
二柄。下層有正鐵火百宇四十一坐。又小車載紅夷
砲一坐。兩門左右有小庫各二間。而皆銷巖穴而視
之。皆佛狼機子砲藏藥積峙。
二十日。龍骨大滿月介馬夫大等來到館。仍曰。禮單
之中有違約条者。累言而一不囬荅。是何事理。浚曰。禮

研經齋全集　外集　卷四十

使兩民私和賣則有益而無弊兩國豈不利我且循
採之禁法至嚴間有貪利者冒犯見投即梟示境上
邊將邊倅亦坐重律曾聞鍾城人被投來此然否龍
胡曰然臣曰負罪之人投此生存在渠雖幸其於國
法何我此三人俺當押去俾得正刑以警他人不求
快字龍胡曰此等事非俺等所可自擅當告汗前
十九日食後滿月介以汗言來傳使臣曰使臣留館
累日想必無聊可登南樓上一覽俊章員俊與滿胡
共登南門閣三層平原廣闊逈目無際俯見城內外
軆城周回董十里城內家戶雖多皆諸王子及各衙

如何没曰金國八營在一城中。隨事施令可以易行。
我國八道目京都相距甚遠何暇聚貨而酬應乎苟
欲其便莫若叚價不降參貨減数龍胡曰使臣堅執
不觧言之無益更不應大槩舉胡與南貨換貨相言
而儲之銀垔之收之聞家唯此蔘多峙無換用慮故
拒使臣之請也且女人不得入館中令運銀女人居
半可知其收私銀且驗男丁之鮮少也龍胡曰我國
大官往會寧使臣知而来孕俊曰不知龍胡荅曰為
開市事俊曰姜官作弊多端開市雖不得罷亦送差
官甚便以此意詳及扵國書中馬將亦偏知以来只

若又索如前則將何以酬應乎。龍胡曰。此貨利也。不

可著為例後曰。俺言非矣。雖細微之事。定數而後事

刃順況段價高下參貨多少。非細微之事乎馬胡曰。

冒段彭段各雖為段品色有差殊或可直三四絹者。

或可直一二絹俺之定價沒其品之好惡宜勒降乎。

俺等來往貴國將十年矣齎參貨或有四千餘斤。或

有八百餘斤。原無定例其不考前事耶後曰許多參

貨計給冒段彭段盡下品即其聞不無上品而皆以

下品計捧其兩失在誰馬胡喂囁未發龍胡曰。我國

有八營貴國有八道以一道之物貨應一營之參貨

一六四

一

21

等来往我國詳物貨之直冒段彭段換以二綑例也。
前日馬將與管餉軍官金敬吉計換貨物勒令降價。
或一綑三十葉或一綑五十葉且歲致蔘貨不過八
百餘斤馬將齎人蔘至一千八百八十餘斤後若如
此我國難以支當綢價必二綑蔘貨毋過八百斤甚
便龍胡曰冒段彭段價縱品之好惡豈可勒降若蔘
貨隨其多少而齎之或過八百斤或未滿八百斤耳。
安有定式必以八百斤為例乎後曰管餉物貨皆非
土產當貿亂之際一匹之直不下四五綑備等勒降
若此甚不便且馬將之還蔘価尚有未準給者他日

研經齋全集　外集　卷四十

之坐堂護胡與村落往來者比前倍殘而使臣供具

極豐備云午後龍馬兩胡寧諸胡十五名講定物貨。

十三日龍馬兩胡問使臣安否而去。

十四日早朝八胡盡懸黃旗差眈汗寨軍馬出此門

而去闔守門胡答曰將獵又門何時當還答曰去虜

不遠不日當還。

十五日馬胡到館門外問安否而去。

十六日仍留。

十七日日暮八門懸黃旗汗罷獵而還。

十八日晴龍骨大馬夫大来見後叙暄涼畢浚曰俺

胡各十餘人當使臣之出入張鼓角汗招龍骨大傅

吉于浚曰。國王氣體若何答曰。聖候平安又曰。

使臣跋涉險路怨致傷損如何答曰再三慰問无可

感已又招滿月介曰請使臣宴於禮部滿胡引出就

禮部坐纔定龍骨大班志友馬夫大李承佐等來言

曰汗為使臣別遣俺等勸盡醉龍胡屋首滿胡次之

班馬李三人鼎次西坐李皆漢人西稱博氏為汗

左右者也。鼓宴行酒浚固辭不飲龍班李三胡曰俺

等職非禮部不當恭此宴今承汗命而來不可不勤。

司進坐擧觴浚不得已五酌而罷一行譯官等曰汗

一六三

18

送禮單設。之堂前龍胡送鄭命壽。招申繼黯耿禮幣。
龍胡托以色品廳恐唱之繼黯謁力周旋始止滿
月介馬夫。大。班志友諸將胡互人與金乭倮鄭命壽
等来言汗已坐堂。俊寧䀽帶負役至門外下馬滿胡
引之中庭席上。俊奉國書西立掌書走受之傳致
茅来言汗已坐堂。俊寧䀽帶負役至門外下馬滿胡
汗前俊既拜滿胡又引坐於西壁八高山之上先行
茶繼路酒一鐘時汗着黄衣攘黄龍橑坐北壁諸三
子。八高山及諸將胡二十餘人列坐於東西壁以黄
幕補其簒左右豎黄蓋又庭東西設青帳八高山之
幕也胡人坐其下者僅數百餘人且左右幕下列卒

17

日接見使臣當受禮單又曰使臣跋涉千里主人宜
留之但使臣離京久必欲速還我且多事若尊賓留
館則未遑也明日受禮單計貨物後曰何故龍胡
曰方今兩處北胡萬餘口西丁壯五千又大元帥子
降附後部屬留其地者甚衆整送一枝兵而收之已
經旬日兩處人計當四月初來到俺等預講接應之
方而以無暇目所謂一枝兵即要土之謂也與錢胡
言相符

十二日陰早朝八門懸黃旗有頃鄭命壽來言汗於
正堂接見使臣當先送禮單後便女真學金接覺顏

研經齋全集　外集　卷四十

16

十一日早朝。女眞學甲繼黮言於俊曰。胡通事鄭命
壽到館門外傳汗言曰。東西館日各給二饌牛。今産
來俊曰此例邸繼黮曰前者宰而給其肉俊曰苟欲
牛不可受可畜胡二人入言曰。使臣拒之甚難吾當
歸報汗前俄西龍骨大馬夫大與司畜胡二人同來
以汗言傳曰今饌牛一則爲 國王遠情。一則爲使
臣行勞使臣何堅拖不受耶。龍胡且曰已巳春信之
行已有此例權仁祿詳知之仍使從胡牽牛去聞之
譯官前者一日供肉一百六十斤。此牛甚瘦若屠宰
則不滿其數故如是云。午後龍胡與滿胡來言汗明

15

曰無事又問椵島有何奇臣曰俺来時海氷未洋未

道不通無得以間兩胡唯之而去曰暮龍骨大與滿

月介馬夫大及漢將班志友等来以汗言先問 國

王氣體若何答曰。玉體平安又問使臣值道險多

曰爲勞何幸無恙抵此不覺欷然龍胡要見國書沒

曰俺當親傳于汗前不可見。龍胡等曰出見例也何

堅執若是浚給膳草以去。時定州妓永真嘉山婢永

玉秋香及鉄山義州等官男女十餘人列立校路左。

呼天而哭掩目不忍見混于江畔胡騎日帶甲成

羣馳騁。及到于今無一人馳騁者。

問安否且曰龍將與滿將已到宴廳禮幣可先輸使
臣與負役隨逞其餘人馬俺當護之以渡俊如其言
而渡胡通事鄭命壽與一胡馳來以龍骨大滿月介
之言邀俊及到宴廳龍滿兩胡及撝漢將三人將校
胡二人立枝大門之内近入讓枝北壁龍胡以下席
次坐設宴行酒即與共礬行到城外夕送商賈枝西
舘由南門而入及至舘門外讓俊先入更慰行路之
艱而後出已而又問禮幣數目俊曰此上年無增减
又問物采幷彀如何女真學申繼黯答曰使臣與户
曹即負眼同封裏不須問龍胡問曰貴國有何事俊

一六二

百六十一將之軍各十人浚問曰要上兩寧只三千

六百何若是其寡耶錢漢曰與俺被擒者一萬五千

餘上年宣大之戰存者僅五千餘人且孔耿兵亦死

止過半兵勢甚凋殘乎午後到寶伊堡止宿

初九日平明啓行朝飯于沙河俚漢人朱張三家伊

漢欣〻若相識者浚使崔應天贈筆墨問其事情荅

日要上二月二十六日向蒙古地八高山各出五百

共四千也暮到混于江馬夫大即來見以汗意問安

否以慰之止宿于煙臺

初十日曉浚馳到江岜馬胡整十舡以待即見浚麿

研經齋全集 外集 卷四十

應胡喜咨之日。龍將言于汗。俾贈給以慰遠勞也。不

識龍胡用何姦計而如此。

初七日。早食啓行。止宿于泥堡。人馬疲不能運且高

麗邯胡人等多發車輛以輸俚往風大起沙石撲面

道路泥濘。車馬並不得前。

初八日。棘馬于山拗堡適入擄漢銭哥家使譯官申

繼鹽偵之。錢漢猇淚滿眶日。俺即祖總兵之軍也大

凌之敗偸生至此屬校沙河伐羅耳沙河伐羅即賣

永介之弟三子也又曰要土以二月二十六日伺宣

府大同計宣大以兩之資加齎十日粮所領小將三

天怜俐解漢語使之談仍問胡中事。日去冬朴吉乃
等領兵八北地聞攻後一部落掠取二部落既蕘者。
男女牛馬並萬餘口近當還來。午後到太子河江水
礁澄柋應胡整二小舠以渡。禮幣泛負役止宿於高
麗邨之即賣永介之農庄也。柋應胡撿屋胡接一行。
極誣汗之別遣意有在也。此胡隨其信差再至我國。
而感我恩累言之不已。
初六日松輸人島。日暮畢渡不得發。仍留高麗邨於
應胡又以燒酒四五斗羊一首給商賈負役等恠之曰。
行路之給羊酒賈末見也。後便權仁祿件謝其厚於

一六一

胡心思良久曰吾當言于護行將卽此稍々緩其矣

浚問虜中事。伊胡曰此胡多不降附汗使朴吉乃三

時此介等兩將以十一月十二日往征之又十二月

十八日送唐介等蓋其兵計當一萬且要士以三萬

兵西西兵各持馬五匹米五斗兵出已七月矣浚問

卽問伊胡曰吾唯知向西而已不知向某處詳其意

蓋諱之也午後踰嶺秣馬于狼子山小川邊暮渡三

流河止宿于頭官站。

初五日平明餧于安平地松泉寺。漢僧韓道元叩首

跪拜浚許之坐義州軍官崔應天領護行軍以來。應

瀋陽追來差胡校應巨伊即賣永介之兩信司貨也。

為護行而至燒酒一飯羊一首將以洋意餉商賈等。

初四日早發到青石嶺石路崎嶇人馬十顛九沛不

能前浚下馬路左與負役等班荊坐差胡校應巨伊

亦來慰浚曰奉使而來何勞之有伊胡謝曰使价相

通兩國之福使臣言是笑浚又問行路之禁與前何

異答曰曾聞朝鮮商賈等落於路深入山各與我人

潛相和賣蒙古漢人雜虜其中或有要少輩貪貨需

牧之則兄弟之好安在我前於馬將之去亦通此意

使臣不聞牟浚曰言雖是而聳措固不當如是於應

研經齋全集　外集　卷四十

曰吾離鄉無資以南草為業今行嚴禁當餓死甚呫

呫

初二日終日大雨仍留煙臺

初三日曉發燕山館朝飯于會寧嶺底過甜水站止
宿衣青石嶺煙臺過甜水時我國男女三人立城上
悲啼跪泣巖山館舊基左右營新屋浚使權仁錄問
護行胡等曰為待朝鮮使也蓋此館介在於通遠
甜水兩站之中相距各四十五里甜水站城堞頹落
人家甚火回被擄人平壤崔允奉聞之卽日此站守
胡等並移通遠堡唯留將胡二人寧十餘人令又目

7

計護行軍昨暮當到今日當登程即令治行乃胡等
叩首而言曰使臣忍且三日今日誠難請留然吾等
已報使臣留此願使臣更加思量留今日以活我胡
人等登䓆瀋陽路戌時護行胡一高山差送八人
各率從胡十名而來乃胡奔告後曰瀋陽之人來矣
吾其無慮

三月初一日早發踰汾水嶺敀宿於蕪山烟臺護行
將胡叱介者龍骨大之妹夫也先徃烟臺擇一室灑
掃以待俚禁我人不得後一行人怕之烟臺直胡阿
伊部致者乃慶源傍邊里善部落胡也與權仁祿言

無不嗚咽。浚使世仁等密問胡中事。己生眼答與刃

胡相符漢人王乙者。卽王可戴之掌二子也。胡譯權

仁祿偵之答曰高山要卆領將官五百以二十六日。

向宣府大同一將官眄領十七名。

二十八日。浚久虜于通遠堡城窄而人塞丁男未滿

數十于後有一胡兒年甫十五六者過之。權仁祿招

問之。乃唐介之子也閒其父何在。曰十二月從軍八

此地頃聞此胡等設寨而禦之三時此介掠取三四

部落近當回還。

二十九日浚使權仁祿言於胡等曰俺奉 命遠來。

寒疾侵尋。此果持使臣之道乎。我等食卽欲發。乃素等

揆之後。不聽而臍。競執轡曰。使臣欲見汗。不可如是。

且汗令嚴重違則必死莫若死於使臣後。知不可強

而罷。

二十七日。胡譯權仁禄闆乃胡曰。前者守堡將胡唐

介者在此。令不見何耶。乃胡等答曰。黑龍江之東此

諸胡部落多叛我不附。故汗以三時叱介往定之。唐

介者卽其土人導軍而八。今已數月未還。又丁卯被

擄人義州女子因媤已生之夫高世仁及其從弟義

州人尹不斤並隨行。適逢已生三人抱持痛哭見者

4

研經齋全集　外集　卷四十

之行近當到此到城外守僅將胡乃素·及安太王可

戴等三人寧從胡八人來迎俊行枚川邊女直學申

經黯詰曰捨人家而就冷地何耶伊胡等曰汗令至

嚴且城外止宿例也俊不得已露宿川邊將胡等寧

從胡亦宿近處胡譯權仁祿略給南草與姐壹固辭

不受王可戴者即廣寧漢人也與胡譯權仁祿·金令

吉相知命吉等問護行軍不來之由答曰時值氷泮

應使臣難行故不來且汗令曰朝鮮使臣來到善辭

挽之使不得前待護行單以八

二十六日乃胡等待天明問安否俊答曰累日處冷

松物貨到中江但鴨江舡不能回泊於中江未及畢渡依岸露宿。

二十三日過金石山棧馬于修毛老川邊行到細川。卒遇風雨止宿于柳田林藪間距中江董六十里。

二十四日曉發過湯站朝飯于龍山川過午過鳳凰城喻伯顏嶺露宿于嶺底。

二十五日冒雪啟程過松站渡崑北河朝飯于八渡河畔行到長岡去通遠堡十里許通遠堡守直將胡五許能辛從胡五人近松馬前俊便胡譯金命吉問曰汝等何以知吾來耶五胡荅曰前日馬將聞使臣

一五九

瀋行記程

崇禎八年乙亥正月。以李浚爲春信使。奉使瀋陽。二
月二十日。早到鴨綠江邊。禮幣先渡貝役次之義州
府尹林慶業平安監司禪將前監察姜綬閱渡涉
人馬氷斯巖。江夜半天大雨一行愁苦。

二十一日。林慶業姜綬又點涉小胡譯李二男遇颶
人馬氷斯巖。江夜半天大雨一行愁苦。

風頒覆與義州人二名淪死。

二十二日林慶業姜綬又點涉。午時畢渡貝役及公

招集狀已而呼噪下擊殺四十人獲馬五十
匹明兵奪路而逃相蹂踐死者復千餘人。

영인자료

〈심행기정瀋行記程〉

《研經齋全集》外執 권40, 국립중앙도서관 소장

自青石至槩木亭 二十

自槩木至頭館站 四十五

自頭館至松泉寺 二十

自松泉至高槩村 二十五

自槩村至爛泥堡 三十

自爛泥至寶伊堡 三十

自寶伊至沙河堡 三十

自沙河至混于江 三十

自混于至宴廳 五里

自宴廳至瀋京城 五里

自己上五百五十里作息十八息十里

自京去義州一千七十五里作息三十五息二
十五里自京去瀋陽一千六百三十五里作息
五十四息五里

瀋陽鎭城

自龍灣至中江 十里
自九連至金石山 二十里
自柳田至陽站 十里
自龍山至鳳凰城 五里
自乾者至伯顏嶺 二十五里
自松站至甕北河 十里
自八渡至通遠堡 四十
自汾水至燕山館 十五
自會寧至甜水站 二十

自市江至九連城 十里
自金石至柳田 二十里
自陽站至龍山 三十里
自鳳城至乾者介 二十五里
自伯顏嶺至松站 十里
自甕河至八渡河 十五
自通堡至汾水嶺 三十
自燕山至會寧嶺 二十五
自甜水至青石嶺 五十日

覲美金中遠稿南行　　意之四

十三日晴早發晝占于吾助川主倅越宗古出候討

話此地牛峯縣境午到開城府直拜留守相公來

到下處經歷都使並來見昏韓甯川李大靜共來

敍話夜深而罷

十四日早發到長湍主倅申坂上京兵去來俱不見

甚悵始知離合關敷也午渡臨津到坡州主倅闕

仁俊出候暮到高陽郡主倅李文蔚來見

十五日晴雞初鳴發竹日未出到京營從余源及鄕

別處儲蓄來見敍話食後皆闕復命卽爲

還家雜兒輩候門欣接天理可怜

偕綱使柳大華令兄般上敍話半晌而別午到中

和主倅出候察門諸族設小酌而待暮到黃州到

官來見英使出巡矣

初十日晴與若干員役馳往正方山城與別將崔渙

乘城看審暮到鳳山郡兵相逢到此郡故直到執

話而與主倅同病束隱堂

十一日朝陰午兩盡占劍水館昌兩到瑞興龍泉館

主倅出候敍話至暮乃罷

十二日晴早食發行晝上瘞房館暮到平山縣主倅

李柄來見敍話

燕槎日遠篇潘行　卷之四　[二六二]

初五日陰食後發行到個淸亭休息暮到嘉山郡

初六日晴早食行到挖江則博川倅備酒設帳而待

午後到安州兵使以下諸僚皆來見鐵兒三母子

亦留待情甚可矜

初七日陰回謝兵相午發到肅寧館主倅夜深敍話

初八日陰早食發行到順安盡占到五里川邊主倅

率妓設帳飲餞而罷暮到箕城方伯以下以觀燈

齊會于大同門上宣抵吷處從容談話夕仍設宴

夜深而罷宿于庶尹衙軒

初九日晴臺晚發行到大同江畔乘船緩渡半江遇

崇禎八年四月　日

此下自灣入京日記

四月初一日二日以所帶夫馬未渡仍留龍灣館而

日暮與主倅往山城

初三日陰發行晝占于良策館主倅李伯固率諸倡

出待矣午後到定奉鑾館主倅亦出待

初四日晴早食發行晝占林畔主倅出候且一鄉父

老設酌請留一如去時強令促行到雲興石橋頭

郭山倅倩泗饌來待蕃到定州衙軒與主倅德敍

洪君識自安州來到奉鑾同來叙話

鶴峰先生遺稿瀋行　卷之四　二十七

所見似有欲久長和好之意矣其接應言辭之間

亦以可見以臣聞見冒死上陳萬死幸所衝將

軍行龍驤衛副司正臣李浚誠惶誠恐頓首謹百

拜上言于

主上殿下伏以臣賀本魯鈍才乏專對意外承命

奉使異域盡夜兢惶惟以償事辱國為憂到今傎

起無地措躬而臣所受金汗所給具鞍馬一匹豹

安十五頭人參五十斤等物臣固不敢自私請付

該司以補軍需之萬一臣無任激切屛營之至謹

昧死以

聞

廿大日發兵多寡分數者明矣且聞龍胡所言北
胡停獲萬餘口其丁壯五千又有大元鎮子降附
而未及來者甚眾云此等語無非誇大之說臣留
館十餘日所見大抵專事驕倨其於各衙門之排
置私窠舍之廣占衣服奢侈飲食豐備素非野人
習俗而今至若此蓋似其規已滿而亦專修大爲
務之事從前所見亦非見其短富其接待之際懇懇致
厚則向日所慣行者皆言此前漸加云且有奴人
所稱鳳山館舊基通遠堡城外所設窠舍皆爲我
國使臣迎接云則雖默厲情態有不可信而據其

歸先生遺稿瀋行 一 卷之四 二十六

51

絕少越寧伊堡始有往來之胡及到澱于江此是
瀋陽十里之地而亦無一卒帶甲馳騁者及見泝
之生堂時左右護立亦不過百數臣之初意以為
狄虜之見短示弱從古所長恐有瞰臣一遭及登
門樓觀城內外人家計可萬餘而人物見數似不
云分西北兩路出兵而兩路兵各不滿萬之
準戶數且於宣大之敗凶殆半似回辭自伊雖
說亦不同舜臣放此時竊自追惟臣之初過遠堡
正在二月廿五日而其時挽留措說乃曰護行軍
未到當待出來進往云者似欲臣无見要土二月

敗之邑便之遷用放胡差接濟似或無妙故授之

義州護行軍以付府尹處是白齊

二十九日晴早曉發程朝飯于細川未時量到中江
以小舡一隻一行夫馬艱難過涉　臣只率員役酉
時還起鴨綠餘由卸爲馳啓而所率夫馬並不
得涉留置越邊　臣先發程則護涉無人意外之患
難保其必無故不得已四月初二日盡數過涉初
三日登程上來 是白齊
臣觀通遠堡以西所過各堡城堞頹破無一修治
自趑迷至山枷堡二百三十餘里村塢頓荒行人

側謇到通遠堡露宿川邊護竹將胡等以汗守廳

牛一角以爲行路之餽臣等給員役半給役人等

二十七日兩早食發行到場門護行胡等連載放場

門臣一行夫馬使不得出門曰汗爲使臣連送雖

中年置餽牛六首放中路而一首不能運步故弃

置甜水站來此者五首也使臣不受則吾等必受

重罪若不受之決不開門云臣使權仁祿或嗔怒

或開諭終不受之至中時始出場門止宿于八渡

河川邊胡人驅牛建到又弃去臣以爲如其空弃

放無人之處而得俊牛之名莫如傳受放義州場

其數分遣若干軍馬於西北吳雖有所獲豈能補

其闕也此言難以準信但似合敎前聞是白齊

二十五日朝雨午陰踰黃石嶺秣馬于甜水站川邊

戊午年被擄全州束伍軍鄭命生糧州輪來胡譯

金命吉問其事情答曰去年宣大之戰隨軍入往

僅得生還軍數二萬餘而死亡者半且將卒俱飢

困盡殺戰馬而克腸諸將皆徒步而還云午後越

會寧嶺止宿于嶺底煙臺

二十六日陰朝飯于冷木嶺底川邊開城府商賈奴

元無赤騾馬人奴涉置同不意中惡身死試高嶺

盖惡之以頃昨龍胡所答之言爲證也食後臣治

装發程而遲日饌半用餘束西館並十六首計授臣

館直胡率貢役出館門外龍滿馬三人己來與臣

共體到宴廳設行幾塚午渡混于江暮宿寬伊堡

二十三日晴食後替行秣馬于爛泥堡止宿於高麗

村臣出來復汗擇其留置館中半能運步者六角

別定差胡連送于此 臣宰捏不受

二十四日晴食俱渡太子河秣馬于安平川遷蓁宿

黎木亭煙臺擴漢陳三家胡譯權仁祿曾與此漢

相親密問事情答曰自實大政彼兵馬甚少欲充

46

送矣曰此何言也再昨俺等提起此言俺答曰

檀單一事癸酉春信之既已講定數年提起

此言甚可怪也龍將揮手而言曰此事果已講定

不復更言曰日饘經一日反覆若此如此無理之

言豈可歸報朝廷乎此等更勿煩可也龍胡曰

惟朴參判知之使臣不知云朴參判卽簪也曰簪

曰俺亦一朝臣也如此大事朴簪堂獨知之俺亦

知之若有未準之數則再昨之發言也俺何以果

已講定爲荅年據俺所言與朴簪定明白無疑

何万里發慾起關端乎龍胡更不强詰勃然起去

卷之四

三十三

上所產自京相距三千里且九十月巧其成熟之
飾而冬深爛爛不堪多致豈其情簿而然也龍胡
日地遠飾曉俺示知之迨及期運致義州則我人
自當輪來曰此非使臣所可自擅當歸報朝
廷云
二十二日晴早朝龍骨大滿月介班志友馬夫大平
古等來傳汗書仍曰檀單講定時金銀黑角則非
貴國所產不爲舉論其餘各色一依條約寧年年
貴國使臣及我國差員之行每言及遠無足白
未知其中傾以此意歸報朝廷我差之去亦當言

44

培汗前既爾之所言不足以喜怒然依去年到義
州高漢人攔俎之時我國極力護送之意无餘地
矣托之以疑恐憂及等語邊發放今日郎此乃人
所不可忍言極可駭也馬胡面報不答龍胡曰凡
大小事不可不告汗前故也豈有他意放其間說
午後龍馬來言曰紅袴乃我國至貴物也去年秋
信使之還汗及諸王子欲得此采數萬箇以爲宴
席之生輝俺曰此采朝鮮之賤產當言使臣我差
之去整送夫馬高可汗及諸王子皆曰可委送夫
馬矣所送甚此少俺之無顏甚矣

錦水上掌□漂村

卷之四　二十二

臣曰此物卽南

舘商買大人並給一疋滿胡以汗言傳授鞍具馬
一疋豹皮十五領人參五斤四間辭不受滿胡等
曰俺等奉差賣國國王賜賚物我國物力殘薄
禮物些少若辭而不受則汗必以來安仍存置而
去
二十一日陰早朝滿月介與博時胡班志友李承佐
等持汗書算來示一則　國書所答一則別書也
會寧市勿遣差人事及潛諜者鍾城人三名出送
事果並戴別書但見胡馬之事極駭愕詰問焉
胡曰我國侍价至矣盡矣何敢做此無理之言至

益放其間就是以再昢俺之爭減蔘貨者爲此故
也龍胡不答而言他曰我國尚歇天池雀舌茶而
無㤪得之聞賣國所產云使商賈諱除其南州貿
致此茶如何臣答曰此物原非我國所產來自中
國貨甚難矣商賈焉得以取鬻者乎胡人等唯唯
而去午後龍胡又與滿胡來言曰會寧之市勿瀆
差官反曆瀆人出送擧上年秋狀信使累累力陳未
遂今爲使臣極力周旋已得停當並載於國書濟
採三人卽令押來俺等自前相厚之義使臣其知
之耶頻煩誇詡矣且仍設上馬宴敷備宴需而東西

佛狼機子砲藏藥櫃置 吳白碑

二十日晴龍澗馬三人到館日櫃單中有遠紉者屢

回言及而絡無答何也臣曰櫃單一事契西春信

使朴管之行既以講定不復更言又曰貴國設司

貨八局應我八營之貨何如匪日我國之貨戶曾

主誾而京有平市之外有管銅唯應乎无貨不慮

乎嗣應何必加設剝官也龍胡又曰然則儅得

八人而應之亦如何匪日司貨者以其私貨應之

則得八人之尚或可也而雖得其人必以管銅使

括据轉換之物只自計給而已八人之得豈有遷

上平原廣濶極目無際俯見城之內外體城周回
僅十里城裏家戶雖多徐其諸王及各衙門公室
民家不滿千戶城外四面人家幾至萬餘戶而但
人物鮮少頗多蕭條無何膳夫胡所此个等五人
先備宴床待臣設酌滿胡把盞勤臣曰此汴儲歇
酪醫燒酒也為使臣送來李樞飲盡醉臣三酌而
罷運到館外滿胡為上相揮而去且南門三層上
有三穴銃三十二桶下層有正鐵大白字四十二
坐又紅夷砲一坐則載放小東南門左右邊有小
庫各二間而皆鑕閉之臣軍盲金得窺見視之皆

卷之四

二十一

且潛採禁法至重且嚴間有貪利者冒犯見捉衆
示境上邊將邊倅亦生重悖曾間鍾城人被捉而
宋此云其然耶龍胡曰然矣臣曰大罪之人投此
生存其狂渠輩幸雖大矣其放國法固不當如是
此人等俺當押去俾得正刑以警他人不亦快乎
龍胡曰此等事非俺等所可自擅當告汗前云而
去
十九日晴食後滿月介以汗言來傳曰使臣留館累
日想必無聊可登南門樓上遊覽可也臣意欲登高
看審形勢故卽率員役與滿胡共登南門三層閣

更不答臣與三人半日力爭終不聽許可痛大槩
臣聞見此胡等與商賈換言色則其所儲銀盍
之而收聚放閒家惟多峙者北參云此參雖多他
無換用之處故參價減數牢拒不聽矣且曾前安
人不得入館中去矣今之運銀女人居半可知其
收聚私銀與男丁之鮮少矣龍胡曰我國大官住
會寧使臣其知之子臣曰不知耳緣何而去答曰
高開市事也臣曰差官之弊甚多閒市雖不得罷
而差官則勿送之意詳及放回書之中而馬將亦
備知以來只使兩民私相和買則有益而無弊矣

歸米子貿留滯藩竹

卷之四

十九一

則勒降之說甚非矣俺等來往貴國將至十年自
初至今蔘貨所取者或有四十餘斤或有八百餘
斤原無定式不考前規忽出定式之說亦非矣 臣
曰許多蔘貨計給冒段彭段盡是下品耶其間不
無上品而都計以下品所失在誰馬胡囕㘑未發
而龍胡曰我國有八營貴國有八道以一道之貨
應一營之貨事可便 臣曰全國八營在於一城之
內隨事施令可以易行我國八路自京都相去甚
遠何暇聚遠而酬應乎酬應之慢莫如段價之不
降蔘貨之減數龍胡曰使臣堅執不解言之無益

八百之說極未妥當臣曰管餉酬應物貨皆非土

產貿置之際一段之直小不下四五兩而價等之

勤降若此其甚少勢甚極難俺之言固當何言未

妾且馬將之還尚有參價未推給者他日之去若

又如此萬無酬應之路價等不可不多減其數龍

胡曰此則貨利間所為不可定式臣曰爾言非矣

雖細微之事有定數然後事弓順慣況設價之高

下參貨之多寡非細事若任意高之何可酬應乎

馬胡曰冒設彭段名雖為設品色懸殊或有三四

兩直者或有一二兩直者故俺一從其品而定價

卷之四　十八

物貨之道無不許知冒段彭段則換之以二兩乃
是例規前日馬將之去與管餉官金散吉討換貨
物之時勒令降價或一兩三五錢且年年蔘貨多
不過八百餘斤而馬將持去人蔘至放一千八百
餘斤此前之多一千八十餘斤後者如此則以我
國物力決難支當段價則不下放二兩蔘貨則无
過放八百斤以高兩價之地龍胡曰冒段彭段之
價則從其品之善惡豈有勒降之理蔘貨則所儲
多則多少則少值其多寡而取故或過八百斤或
未滿此數豈有定式而必以八百斤爲例乎无過

瀋陽狀啓謄行　卷之四

倭快需之豊厚倍前云午後龍馬兩人率諸胡十

五名而來諸定物貨

十三日陰龍馬兩人間　臣妾否

十四日陰早朝八門樓上盡懸黃旗差晚汗率若干

軍馬由北門出去間其守門胡答曰以畋獵事出

久間還期日所去不遠數日當還

十五日馬胡到館門外問臣妾否

十七日晴早朝龍馬兩人到館日緣放事多時關問

候心甚不安日暮八門樓上懸黃旗汗罷畋還

十八日晴龍馬兩人見　臣寒暄曰日衙皆來往我國

曰使臣跋涉險路恐慮致傷入此以微恙力如何
臣答曰豈敢致慰至於再三尤感盛意又招滿月
介曰請使臣宴放禮部滿胡引臣出就禮部坐定
龍胡班志友馬夫大李承佐等來言曰汗爲使臣
別遣俺等極勤盡醉矣龍胡居首滿胡次之班馬
李三人鱗次而坐班李兩人皆漢人而親近汗前
者也設宴行酒臣固辭不飮班李等曰俺等職非
禮部晉未叅此宴今承特命不可循例胡勤同邃
翠鵑勤曰五酌而罷一行譯官等曰汗坐堂樹護
之官反道路村落往來之胡比前十分凋殘而按

32

臺日寧薺員役至門外下馬滿胡引臣中庭拜席

臣進奉國書而立掌書胡傳致汗前臣行拜禮

託滿胡引臣坐西壁八高山之上先行茶禮繼以

一鍾駱酒一依前例臣縱見汗着黃衣坐黃龍交

椅放北壁諸王子八高山及諸將二十餘人列坐

東西壁以黃幕補其面檐堅黃蓋于左右又放東

西庭設青帳幕八處此則八高山之各設也其下

侍坐胡僅數百餘人且左右帳幕軍牢吹手等各

十餘人列立　臣之出入使吹打汗招龍胥大傳言

于臣曰　國王氣體若何　臣答曰　聖候平安又

錦溪筆覽私藁行　卷之四　十六

寧自多無暇日云所謂一枝兵卽要土之謂也 正

路聞此兵之數旣不滿萬去意謂向去宣大之說

不可信也及聞此音焉西徙出兵似的的矣且符合

錢漢峴言宣大以四十日裹糧之說 是日齊

十二日陰早朝入門樓上懸黃旗有頃鄭命壽來言

汗欲放正堂接見使臣露先送禮單排設云 臣使

玄眞學金後覽顧送禮單排設正堂之前龍胡迷

鄭命壽招申繼黯點檢禮單批以色惡話饋恐喝

不已礛黯十令間遍罪設之後滿月介馬夫大班

志友㙮將五人與金瓦屎鄭命壽等來言汗巳出

拒龍胡且曰曾無前規云者使臣之所不察已巳
巷信之行已有此規仁祿群知之乃棄牛而去譯
官等相語曰前著一日所納生肉爲一百六十斤
而此牛甚瘦屠之則少不能充其方數故用此計
云本後龍胡與澗胡朱言明日汗接見使臣當受
糧單又曰使臣政涉千里事當休息數旬而載國
多事不遑久留竣明日受糧單始算貨物臣曰
有何多事曰方今所獲漂處北胡艱餘口而丁壯
五十且大元鐪子降附未及來者甚衆故暨送一
校共馬已經句日謂虜人當放初夏來到接濟等

卷之四　　十五

路左號哭不已慘不忍見臣曾聞混于江畔帶甲一

成群馳騁者無日無之云及到未見一甲 是白齊

門外以汗言傳言曰東西館饌牛延日各給二匹

云二牛奇到何以爲之 臣 曰比乃前規每繼黜曰

曾無全牛來送之規 臣 曰然則決不可受司畜胡

峕日比是饌牛何必宰拒若是乎 臣 曰屠而魄肉

可也何用全牛伊胡等曰招受甚確當報于汗云

而去俄而龍馬兩胡與畜胡人等來傳汗言曰比

兩牛一齡 國王遠情一魋介臣之行役不可堅

28

片有何奇曰臣在他城未得見此况俺之來時海
冰未解水道不通緣何得陋兩胡唯唯而去日暮
龍骨大與滿月介馬夫大及漢將班志友等共來
以汗言先問國王氣體洽何臣答曰王體早坐
又問使臣遄值道路之艱以致多日之勞何幸穩
到不濟欲懇臣曰奉命而來何敢言勞屢承致
問不勝感激龍胡要見國書臣曰俺嘗親傳汗前
不可先出龍胡曰自前有先見之例何乃堅執如
是臣聽導以給臣八此時所携人定州妓永眞爲
山妓永玉秋香及鐵山義州男女等十餘人列立

校二人立放大門之內迎臣而入讓臣北壁龍胡

以下諸將序次而坐設宴行酒臣固辭不飲龍胡

曰馬情之遠間使臣有此忖意謂童見不勝忭欣

辭此情盃寧無憾焉臣曰往情不在酒也兩胡微

哂而罷與臣共登行到城外遞行商買分送西館

由南門而入至館門外讓臣先入隨後而來夏慰

臣行路之艱即此俄而夏來間禮單數目臣曰此

去年無增减又間數雖同前物色什品如何使中

繼踏答曰與戶曹郞員披同封裏不傾更間龍胡

曰然則好矣又間貴國有何事臣曰無事又間當

26

兵艱則八高山各止五百丈四千也大衆路傅之

數多寡宥差而槳不滿萬矣慕到混于江馬夫大

來見臣以汗言慰臣遠役之勞臣答以感荷之意

馬胡曰日已暮矣渡江之際恐有涉灡之患姑闕

經夜天日未明俺當整船等候云故止寫煙臺

初十日晴馬胡曉到江邊纔待十艘間臣安否且曰

龍將鋇滿將已到案廳先渡禮拏卜猷使臣復與

員役繼入可也其餘夫馬俺當者護以渡臣乘舡

而渡遞使鄕命壽與一胡人虵死以龍骨大滿月

介之言遯臣到案廳龍滿兩胡及博漢將三人將

錦溪李遺稿滿行

卷之四　十三

百果出宣大則何若是兵寡郎錢漢曰與我一時

被擒而來者一萬五千餘人去年宣大之戰敗以

而存者僅五千餘人且孔耿所率幾半死兵勢洶

殘到今甚矣此漢之言亦不足憑臣等自通遠行

至此已經八日一路荒凉行旅斷少所經各堡子

胡老弱若干而已兵火雕弱亦可想矣暮到實伊

堡止宿

初九日晴平明發行飯于沙河堡漢人朱喙三家伊

漠欣欣近接有若相識者然臣使崔應天贈筆柄

墨若間鴬情答曰要主去二月顧兵出豫古之地

不得前終日之行不過三十里

初八日晴早發袜馬山拗堡適入擴澳錢哥家使譯

官申繼驌従容談話錢也含淚満眶憶處長嘆多

有怨汗之意繼驌亦悽然而問其情答曰我卽祖

總兵之軍也大凌之敗不能自决苟活至此屬於

沙河伐羅沙河伐羅卽貴永介之第三子也州吉

巧顧軍赴北之說一如前聞又云要土去二月廿

六日出兵向宣府大同而自宣大以西只裏十日

糧而去兵數則所顧小將三百六十兩一將之軍

各十名也巳又問曰然則要土所率又偏三千六

卷之四　十三

接臣一行極故謹汗之別遣之意良有以恤此

胡曹通瀋信再到我國云而屢說欸接之恩矣

初六日晴早卜夫馬日蕃軍渡故仍留此村故應胡

又以燒酒四瓶羊一首餉賈人等員役輩怪而相

言曰羊酒一欸曾所未有 臣欲知其由使仁祿伴

未感意故應胡頸有温色喜而答曰龍胡請于汗

而有是云不識龍胡用何奸計而有此作倜足自崇

初七日晴早食婆行病于爛泥堡一竹夫馬疲困已

極勢難運卜自高麗村胡人等例養革鞹載運公

私卜馱而狂風大起沙石撲面道路泥濘牢馬並

茲敢故延臣之行此吏之事虛實蔡可知矣午
後瑜嶺秣馬于狼子山暮渡三流河病頭官站
初五日晴不明發行飯于安平地松泉寺漢僡韓道
元叩首跪拜臣許之以坐義州軍官崔應天能解
漢語故使之從容談話仍聞虜情則曰去冬朴吉
乃等頭女柱此闖攻殺一部掠取二部所獲男女
牛馬並萬餘口迸當班師云而要土眾向西之說
與前聞無異午到太子河江水漲流放應胡整理
小艇三隻禮單公卜先渡一行員役乘著而渡病
放高麗村卸貴永介之田庄也放應胡搶飯居胡

瀋槎遺稿瀋行　　卷之四　　十二

話之閒引問伊胡伊胡曰深處北胡多不服從故
汗使朴吉乃三時伏介等去十一月領兵入送十
二月以唐介等添兵以送前後共一萬軍且要土
顧兵三萬而西每名各持米五斗驅馬五匹出者
今巳七日矣臣聞此所向伊胡曰唯知向西而已
不知京處云此胡似無不知之理諱不直言者也
向者臣遁遠也其爲北僻似不近理故意謂俊
或有事故而然也及聞此胡之言欲令臣不得見
着放要土之出兵似是矣凡隨事誇矜万胡人之
本性若要土之兵勢盛且衆則必不忌臣之見其

初四日陰早食行到青石嶺石路崎嶇人馬不能進
臣
亦下馬而步运捆而坐放應巨伊亦來慰臣臣
日使使而來何敢言勞但行路之禁甚放前何也
答曰朝鮮賈人曾放行路私與我人潛相和賣放
山谷之間汗圍之曰此土之人非盡我人蒙古漢
人雜處其中如有貪悍輩殺越于貨吾兩國和好
之義安在今共痛禁故如是甚嚴前放馬將之去
已適此意何其不闋乎巨曰言雖善矣舉措太過
揆諸軆禮似不當如是放應胡良久乃曰吾當以
此言于護行矣是猶路禁緝緩巨欲探虜情接

瀋行日記卷之四

十一

初三日晴曉發過燕山館飯于會寧嶺過甘水站宿
青石嶺煙臺曰過甘水時我國男女三人立放城
上望臣啼號悵怏不忍見燕山館舊基方建新屋使
仁祿聞之伊胡等日爲接朝鮮使而起云蓋此館
介在題遠甘水兩站之中而相距各四十五里甘
水城葉頹落人家洞殘因被擄人平壤崔九奉問
之則此站守查將胡等徙移通遠惟有將校二人
所率只十餘人云且今日自瀋追來差胡放應曰
伊卽賣永之信任司貨者也汗爲曰護村剏建云
且以汗意燒酒一缸羊一首餉賈人等

胥六姝婿云而尊眷護行者也先往煙臺擇其好
家精掃以接多有敬待之色但行役之際禁我人
使不得任意落糧呉放前行云一行員役頻以爲
怪煙臺直胡阿尹都致稱號者万慶源界里善部
胡世語言之聞頻有應舊怨新之態官放仁祿曰
吾離鄉遠來蝢無家件唯以轉換南草爲資今行
之嚴禁若此難免斁桑之鬼長吁唧唧仁祿間其
由卽欲使館中貿換專利之計也其言不足信但
路禁甚前慮或有巧計 是白齊
初二日終日大雨不得發行仍留煙臺

歸槎年遠稿遼行 卷之四 九一

日使臣之留滯三日已極感激難請更留而已報
留此之由徑自發行汗部吾輩如何救顧便臣深
諒少留活我活我臣聞言與諸似出實情且臣如
欲獨行從犬羊之性恐起無據之端以作執言之
慮故黽勉聽留胡人等約日登高峴望瀋路日暮
無人聚首相憂戒墨護付八高山善送八人各率
從胡十名而來乃胡等奔告曰日應人來矣吾其
無憂矣欣欣然如有所得

三月初一日晝陰夜雨早食發行踰汾水嶺將痛籲
山煙臺護行將貴永介差人之伏介稱捥者卽龍

16

大等處似無其理是白齊

二十八日晴將胡等又問臣安否臣久處此地相度
形勢如坐孤城人家甚少午俄有一胡兒年可十
五大過 臣所處使仁祿招問乃唐介子也問其父
去留曰去年冬隨軍柱北地頃間北胡以木爲寨
而截兵擄取三四部落走當回還云
二十九日陰將胡等曉又來問使仁祿言曰俺奉
命遠來圍當一刻之不暇而留滯於此已費三箇
日屈指護符軍行期昨舊當到此而迄無形影甚
可怪今日發程斷不可已卸今泊行乃胡等叫者

沁水十建德濟付　卷之四　〔八〕

15

何高權仁祿曰自前亦盤將唐介去冬在此今何
不見乃胡曰渡處北胡往累龍江之東叛我不附
聚而爲盜故汗送兵討之而唐介熟諳地形故亦
隨行未還今已數箇月云丁卯秋譖人義州女子
已生夫高世仁及其從娚義州人尹石片並隨來
適延已生如此三人把狀叩首號哭臣使世仁密
問胡情已生所言與乃胡符合攻北胡之說恐不
誣也漢人王乙者郎可戴之子仁祿暗閒胡情曰
高山票土頲將官五百今廿六日發向宣府大同
而一將官所領十七名云計不過萬兵而渡入宣

14

委只有令勝彼此壁曰朝鮮使行來到以護行軍
出送之後可以入來挽不得前進卽爲馳報云臣
意以爲朴辨而或有弊故如是挽留 是白齊
二十六日晝陰夜雨乃胡等天明問曰安否答曰累
日處冷此果待使臣之道耶胡人等曰心實未安
早食欲發乃胡挽行不已果如王濩之言 臣不
聽跨馬乃胡執轡曰使臣如此欲見汗不可如是輕
進且汗令至嚴如或不遵吾必見誅必欲前進殺
吾輩可打或怒或乞抵死挽不得已仍留
二十七日晴乃胡曉來問安否 曰使人處冷問之

渖米○道編答介 卷之四

13

到場門寂寂無人到城外守堡將胡乃素反安太
王可戴三人率從胡八名來迎安太卽任屯農而
新來者方役農家時未克了矣乃素導臣竹川邊
臣使大女眞浮申繼騎詰問曰捨人家而就涼地
何也我國之待爾甚人至矣伺何待我之薄也伊
胡等曰非個汗令至嚴且有城外止宿之規何敢
起例乎爭執不已臣不得已露宿川邊將胡等率
從胡亦宿近處將胡中王可戴卽廣寧漢人與胡
譯權仁祿金命吉相識使問瀋中事情護行軍不
來之由曰護行軍時偵冰路慮使行之或未得至

二十四日晴晓過隅站飯于龍山川邊午過鳳凰城

瑜伯顏嶺嶺下露宿

二十五日冒雪過松站渡籠北河飯于八渡河沙汀

行到長洲距遠堡十里義州護送軍二名先焉

出送故金石鳳鳳等處無事已過之由馳啓越

川數里通遠堡守將胡五許能率襁胡五名迎臣

路拜臣使胡驛金命吉問曰倞等何以知我行而

來迎也五胡日前固馬將聞使臣之近當到此故

出候矣臣又問曰扇國護行軍已到否曰時未來

矣今方走告當卽出來又問汗出入答曰留狂耳

半江卒遇颶風小船傾覆灣人二名渝死撻歆掩

瘞付之土尹夫馬未畢渡何留露宿

二十二日晴午時畢渡頋一行員役及公私卜馱

到中江邊鴨江渡涉之船回泊中江而後渡故未

及畢渡依岸露宿

二十三日朝陰暮雨辰時畢渡三江馳

由過金石山絲馬于修毛老川邊行到細川卒遇

風雨止宿于柳田林藪閭距中江催大十里無人

之地草木沒踵凍土半解僅成淺坑人馬頗介不

能起遲可悶

僚椷八年四月初一日春信使臣李渡

後錄

二月二十日早朝臣來到鴨綠江邊檻單卜馱烏兆

過渡後臣率員役而渡其餘夫馬義州府尹臣林

慶業不安監司軍官前監察臣姜綖眼同一一點

檢過渡而但津船四隻蓋皆至小加以冰澌藏江

不能易渡故百仍留鴨江邊依岸露宿至夜半不

意天雨一行夫馬吟呻愁苦之狀不忍見聞

二十一日陰林慶業姜綖如昨點涉臣員役中小朝

譯李二男以其私馬之未渡已刷起去甲刷回來

江之日十日馳吉故馳報俾蜀平監中軍姜監察

四十八夫馬未及整齊悶悶

十九日晴仍留

二十日晴馳　始渡江之由早朝率買役到鴨江邊

主尹爲設饌宴醉鹿鳴云

自二十日至三月什九日日記其在瀋陽後錄附故依舊附此

狀啓後錄

春信使臣李溰謹啓臣一行去月二十日越鴨

綠江入瀋陽往來時虜中聞見事情開坐于後謹

具奏聞

8

何設宴席不能前進因夜漆而罷與主倅泛鐵山

壽央聯枕

十四日晴午後到東薬館主倅李仁立來候設小酌

十五日晴箸到龍川古府主倅李廷健自龍骨城來

迎極歎

十六日晴午到白馬山城主守林慶業極歎令放壬

申六月住宜川時來見此城之築矣今見城堞之

雄器用之具甚盧汲仰止尹懋國之誠也

十七日晴到義州古府宿于龍灣館

十八日晴智到龍灣凍冰難解流漸不絶囬姬甚難越

卷之四

四

7

罷鐵人亦隨來矣

初十日晴兼到博川郡主倅許炎筆款接寧邊府使

有故未來鐵人二子等亦隨來矣

十一日晴到鐵堅三母子自此柄分山懷尤惡到嘉

山晝占主倅李恒甫出待到細淸亭少憩著到定

州主倅金運海款接

十二日大雨不得發行主倅設餞宴樂夜淡而罷

十三日靖曉到雲興郭山倅張鹽談設莘來待送款到

林畔主倅李元基及泡鐵山如海自劍山來話欲

向東萃氏于行具先送前路宣府父老攀截村具

初五日大雨如注不得啓朴融輔備局又以　啓聞

主倅八齋　文廟故獨處坐館無聊笑甚

初六日晴以唐差李馬兩卒偕之行恐其中路相値

耳目浩煩遝入永柔主倅姑未到任

初七日晴到肅川府主倅安徹設餞款㨾金萬戶昌

立夫叙話

初八日晴到安州銅官李慶緖不見德川倅申東价

川倅李此虞横尹洛共來叙話安使子令肅來見

鐵堅二子來待

初九日晴以軍牢等整齊事仍留兵相設饋猩醉而

5

歉接蔡門諸族亦來叙話兒妓順生薦枕却之

二十九日晴朝到平壤庶尹衙軒暫休住見監司張

紳又見中軍李大有夜與副尹都來甫叙話聯枕

三十日晴晤平壤來甫大有及大同察訪洪陳叙話

二月初一日晴與士佇終日叙話

初二日晴一行禮單所懺刷馬未反整齊勢必久滯

故馳報備局士佇爲我設饌于鍊光亭中軍大回

皆來叅

初三日晴士佇高戚乘畫舫叙話

初四日晴始發馳報傳到順安士佇李大根歉接

4

縣李廖天來自關西以叙積年之懷

二十五日晴盡占惌秀館蕃宿瑞興府主倅韓顯嶽
接

二十六日雨盡占劍水館蕃到鳳山郡衆官崔擇善
來待極欵

二十七日晴到蛇綠巖連湖州倅崔眞伯褁行而以
奉命㮚域不得攜槽一哭只自吞聲以送到貴
州兵使李令宜埒卸來欵接判官金　卸咸平人
音率坡來慰遠行余以家忌却之

二十八日晴到中和主倅柳廷益祥原倅金迎夾待

3

達李僉知厚與亦在座到洪濟院鄭敎夫追來話

別簧到高陽郡主倅李文憲出待金成之來共桃

二十二日晴與主倅別金成之還京到坡州主倅閔

仁倫上京矣盡占穫渡臨津扁長湍府

二十三日晴到天水院所騎驛馬驚逸墜馬幸不至

傷到松京都寧朴坡來見亍後留守南台以簶卽

出接歷見經歷李永式啻韓肅川敏達李大靜球

來見

二十四日晴到金郊站江陰倅邊士奇出待到脫微

天嶺平安兵使柳琳病遞歸路左聲話簧到平山

瀋行日記

崇禎八年乙亥正月　除夕信使赴瀋陽　二十日

辭朝　上宣醞賜臘藥九種胡椒一斗黑角弓一

張長片箭各一部楎兒一介豹皮一領丹木十五

亍笠帽一事等物皆僧局出宿京營橋項閭家寰

僉知敦夫金僉使成之聯枕叙話

二十一日晴朝崔僉知渾朴僉知殷生吳僉知善臣

鳳山倅尹應時洪正郎翼漢尹坐員壎姜鐵山子

呆鄭生薄硤林同知檀龍未見到兼峯館黃同知

織以佛螢中軍顧安習操而遽余轡話李同知笑

영인자료

〈심행일기瀋行日記〉

《歸來亭遺稿》 권4, 1938년 간행, 국립중앙도서관 소장

여기서부터 영인본을 인쇄한 부분입니다. 이 부분부터 보시기 바랍니다.

역주자 신해진(申海鎭)

경북 의성 출생
고려대학교 국어국문학과 및 동대학원 석·박사과정 졸업(문학박사)
전남대학교 제23회 용봉학술상(2019)
현재 전남대학교 인문대학 국어국문학과 교수
BK21플러스 지역어 기반 문화가치 창출 인재양성 사업단장

저역서 『요해단충록 (1)~(8)』(보고사, 2019, 2020)
『무요부초건주이추왕고소략』(역락, 2018)
『건주기정도기』(보고사, 2017)
『심양왕환일기』(보고사, 2014)
『심양사행일기』(보고사, 2013)
이외 다수의 저역서와 논문

심행일기 瀋行日記

2020년 5월 6일 초판 1쇄 펴냄

지은이 李 浚
역주자 申海鎭
펴낸이 김흥국
펴낸곳 도서출판 보고사

책임편집 이경민
표지디자인 손정자

등록 1990년 12월 13일 제6-0429호
주소 경기도 파주시 회동길 337-15 보고사 2층
전화 031-955-9797(대표)
        02-922-5120~1(편집), 02-922-2246(영업)
팩스 02-922-6990
메일 kanapub3@naver.com/bogosabooks@naver.com
http://www.bogosabooks.co.kr

ISBN 979-11-5516-979-7   93910
ⓒ 신해진, 2020

정가 17,000원